Helmuth Koschorke

So launisch kann Diana sein

Helmuth Koschorke

So launisch kann Diana sein

Bunte Skizzen aus einem Jägerleben

Mit 12 Abbildungen auf Tafeln

Verlag Paul Parey · Hamburg und Berlin

Photonachweis: Gegenüber Seite 16: Mauritius; gegenüber Seite 17 oben: W. A. Gunn; gegenüber Seite 17 unten: C. A. von Treuenfels; gegenüber Seite 33: J. Behnke; gegenüber Seite 64: J. Weber; gegenüber Seite 80: G. Koller; gegenüber Seite 81 oben: F. Sieber; gegenüber Seite 81 unten: M. Meerkämper. Die übrigen Aufnahmen stammen vom Verfasser.

Umschlagphoto: H. Heimpel

CIP-Kurztitelaufnahme der Deutschen Bibliothek

Koschorke, Helmuth
So launisch kann Diana sein : bunte Skizzen aus e. Jägerleben. — 1. Aufl. — Hamburg, Berlin : Parey, 1977.
ISBN 3-490-12111-2

 Printed in Germany by C. Beckers Buchdruckerei, Uelzen. Umschlag- und Einbandgestaltung: Jan Buchholz und Reni Hinsch, Hamburg.

ISBN 3-490-12111-2

Vorbemerkung

Das kann doch nicht mit rechten Dingen zugegangen sein, sagt sich manchmal der Jäger, wenn er vor einer Situation steht, in der das menschliche Vorstellungsvermögen zu versagen scheint. Und wenn ihm dann nichts anderes einfällt, erklärt er das halt mit den Launen unserer so oft zitierten Schutzgöttin. Jäger können oft furchtbar abergläubisch sein, so wird uns jedenfalls nachgesagt. Aber muß es immer Aberglaube sein, wenn ein so eng mit der Natur verbundener Mensch wie der Waidmann immer wieder feststellen muß, daß es draußen in Feld und Wald zwischen Himmel und Erde Vorgänge gibt, die auch im Atomzeitalter nicht erforscht sind und vielleicht auch immer unerforscht bleiben werden?

Weshalb kam der rote Bock, auf den ich wochenlang in der Blattzeit gesessen hatte, als die besten Voraussetzungen zum Abschuß gegeben waren, mir erst dann im Spätsommer schußgerecht, als ich eines Sonntagvormittags überhaupt nicht mehr damit rechnete und die Büchse im Wagen gelassen hatte? Diana hat es so gewollt, oder sagte etwa dem „alten Geheimrat“ ein in vielen Sommern gewachsener Instinkt, daß ihm von einem Zweibeiner ohne das in der Sonne blinkende Schießeisen keine Gefahr droht?

Man braucht es ja nicht soweit kommen zu lassen wie Janusch, der alte Bauernjäger aus meiner Heimat, der mir vor langen Jahren, als die Welt noch heil zu sein schien, die Anfangsgründe des edlen Waidwerks beibrachte. Eines feuchtfröhlichen Abends auf der Bank vor seinem masurischen Bauernhaus mit dem Strohdach meinte er geheimnisvoll: „Wenn du dir Patronen einsteckst, muß es immer eine ungerade Zahl sein, am besten fünf oder sieben."

Damals lachte ich über diesen Zahlenmythos, dem sicherlich ganz nüchterne Überlegungen zugrunde lagen, aber unbewußt habe ich mich doch danach gerichtet. Und damit komme ich auf die nachfolgenden Skizzen aus meinen Tagebüchern zu sprechen. Sie behandeln meist Vorgänge, bei denen es nicht immer nach Wunsch ging und bei denen — sagen wir — der Zufall eine fast unheimliche Rolle gespielt hat.

Dem alterfahrenen Jäger sage ich nichts Neues, wenn ich daran erinnere, daß die Jagd nicht nur ein nobles Hobby ist, sondern eine Summe von Geduld, Enttäuschungen und körperlichen Strapazen, die nur durch unbändige Passion aufgebracht werden kann.

Die vielen Jungjäger, die alljährlich nach bestandener Prüfung darauf brennen, ihren ersten Hasen oder ersten Bock zu schießen, können nicht eindringlich genug davor gewarnt werden, die Ausübung der Jagd zu leicht zu nehmen. Nicht jedem wird Gelegenheit geboten, in einem Traumrevier zu waidwerken, mit viel Waldanteil, in dem alle dreihundert Meter eine wetterfeste Wildkanzel steht und in dem das Wild an seinen „Einstand" wie „angebunden" wirkt.

Wieviel Einfühlungsvermögen und Rücksichtnahme auf die Interessen der Landwirtschaft wird jedoch in einem reinen Feldrevier erwartet, in dem bald die letzte Hecke und das letzte Gebüsch der fortschreitenden Intensivierung zum Opfer fällt. Und die Anlage von Hegebüschen bleibt meist blasse Theorie.

So wird in meinen Erlebnissen nicht von gewaltigen Strecken und großen waidmännischen Heldentaten die Rede sein, sondern mehr von verfahrenen Situationen, in denen ein Quentchen Jägerglück, eben die gnädige Laune Dianas, zum guten Ende geführt hat. Ein Teil davon spielt in meiner ostpreußischen Heimat, im masurischen Jägerparadies. Das Schicksal brachte es mit sich, daß ich auch in der Mark Brandenburg waidwerken durfte. Und auch nach dem „Tage Null", nachdem der Existenzkampf mir wieder etwas Zeit ließ, mich auf mein Jägerherz zu besinnen, lachte mir Diana gnädig verhalten in meiner niedersächsischen Wahlheimat.

Inhalt

1

Dachsbraten im Schafstall — Wie ich Janusch, meinen Lehrprinzen, kennenlernte

„Der Bauer ist nicht zu Hause“, sagte mit ängstlichem Blick, mich verstohlen taxierend, das Mädchen in der Küche, als ich damals im tiefsten Masuren nach Janusch fragte. Mit Familiennamen hieß er in Wirklichkeit ganz anders. Aber seine engsten Freunde, zu denen ich damals noch nicht zählte, nannten ihn einfach so, und dabei wollen wir es auch bewenden lassen. Auf weitere Fragen, wo man den Hofherrn wohl antreffen könnte, zuckte das Mädchen verlegen die Achseln und stocherte im Herd.

Aber ich war vom Hofnachbarn schon auf Januschs Eigenarten aufmerksam gemacht worden, die im übrigen jeder, der ihn näher kannte, gern respektierte. Er war ein echter alter Masur, der sich mit jedermann duzte, und wenn es der Landrat selber war. Ein Bauer, für den seine Leute durchs Feuer gingen, und dazu ein Nimrod vor dem Herrn, wie es rund um den Löwentinsee keinen zweiten gab. Außerdem hatte er ständig Streit mit dem Finanzamt, denn der Hof war ziemlich verschuldet.

Es war so schlimm, daß ab und zu einmal der Mann mit dem „Kuckuck“, oder anderer unerwünschter Besuch ins Haus kam. Dann konnte es passieren, daß Janusch tagelang unauffindbar war. Es gab auf dem Hof nur einen einzigen Menschen, der dann wußte, wo der Bauer steckte. Das war Zappka, sein Kutscher, Stellmacher und Schweinemeister in einer Person und vor allem sein engster Vertrauter in allen persönlichen Dingen.

Zappka traf ich im Schweinestall. Er brachte zuerst kaum die Zähne auseinander. Als ich ihm eine gute Zigarre anbot und stumm ein Markstück in die Hand drückte, wurde es schon etwas besser. Aber angeblich hatte er Janusch seit vorgestern nicht mehr gesehen. Erst als ich mich auf den besagten Hofnachbarn berief, der im übrigen eine halbe Meile entfernt hauste, taute Zappka sichtlich auf, denn die beiden waren zusammen aufgewachsen, und es galt etwas, wenn der eine für den andern gut sagte.

Jedenfalls nahm er sein Fahrrad und bedeutete mir, ihm zu folgen. Vorher mußte ich feierlich Stillschweigen geloben, denn Janusch war vorgestern abend mit der Flinte vom Hof gegangen, und keiner sollte wissen, wo er sich aufhielt.

Schweigend strampelten wir auf einem schmalen, grasüberwachsenen Fußsteig durch die Feldmark in Richtung auf das große Bruch. Die Äcker hörten hier auf, und es gab nur ein paar kümmerliche Wiesen und Weiden, doch sehr viel Buschwerk, in dem alle möglichen Vogelstimmen jubilierten. Eine Einsamkeit, wie sie ein echter Waidmann sucht. Eigentlich konnte ich dem schrulligen Janusch dankbar sein, daß ich auf diese Weise das urwüchsige Fleckchen Erde kennenlernte.

Der Weg endete vor einem kleinen Gehölz, und Zappka wies auf den alten Schafstall im Gestrüpp. „Dort ist Janusch drin, wenn er sich nicht gerade auf der Jagd befindet." Nach diesem vornehm formulierten Satz machte er Anstalten, mich allein zu lassen. Anscheinend wollte er einem etwaigen Donnerwetter wegen Überschreitung seiner Kompetenzen lieber vorbeugen. Bevor er sein Rad umdrehte, schaute er mich erwartungsvoll an. Ich verstand den Wink und griff in mein Portemonnaie.

Dann schob ich mein Fahrrad quer durch die Stangen auf das Schindeldach zu, daß über die Föhren ragte. Der Schornstein rauchte. Demnach war Janusch, den ich bisher noch nie gesehen hatte, in seiner Behausung. Mein Rad hatte ich an einen Baum gelehnt und näherte mich vorsichtig, denn ich mußte mich auf einiges gefaßt machen. Die Tür zum Schafstall war weit geöffnet. Am Balken hing die Schwarte eines Dachses, die Beute von der Morgenpürsch.

An der Seite war noch ein zweiter Eingang, vor dem sich der Jagdhund, ein Drahthaar, räkelte. Ein kleines Fenster daneben und eine roh gezimmerte Bank davor ließen auf etwas wohnlichen Komfort schließen. Kräftig räuspernd machte ich mich bemerkbar und kam ins Husten. „Hasso, was willst du? Gleich kriegst du dein Futter", rief es aus der Dunkelheit.

„Nein, ich will kein Futter. Ich wünsche Ihnen Waidmannsheil und bring einen Gruß vom Nachbarn X", antwortete ich forsch.

„Der Deibel soll dich holen, wie kommst du hierher?" Nach dieser freundlichen Begrüßung erschien der Hausherr im Türrahmen, ein hochgewachsenes Mannsbild mit einem Mordsbart, mit wild zerzauster Mähne und bluttriefenden Fingern. Ein Anblick, der einem in dieser gottverlassenen Gegend schon einen gelinden Schrecken versetzen konnte.

„Auf Besuch bin ich hier nicht eingerichtet", brummte er schon etwas besänftigt, als er mein sicherlich nicht geistreiches Gesicht bemerkte. Dann wischte er sich die Finger an der Hose ab, die in abgewetzten Ledergamaschen steckte, setzte sich auf die Bank und zog mich neben sich. „Schieß los, was will der Gustav?"

Kurz und gut, ich konnte mein Anliegen, eine landwirtschaftliche Angelegenheit, die nicht hierher gehört, anbringen, und mein Gegenüber wurde umgänglicher, als ich aus dem Rucksack mein Gastgeschenk auspackte, gute Zigarren und ein Fläschchen Bärenfang, die ich auf Anraten meines Fürsprechers vorsorglich mitgenommen hatte.

Ja, und als wir auf das edle Waidwerk zu sprechen kamen, auf die starken Böcke, die hier im Bruch standen, da hatten wir schon einige daumenbreit aus der Flasche genehmigt, obwohl die Sonne hoch am Himmel stand. Janusch berichtete sehr anschaulich, wie er heute morgen in tiefster Finsternis sich auf einen Mordsbock angesetzt hatte, zum ersten Mal in der festen Absicht, ihn zu strecken, nachdem er ihn vorher auf der Pürsch mehrmals genau angesprochen hatte. Immer hatte er ihn noch schonen wollen, weil die Zeit noch nicht für ihn reif war. Aber jetzt zum Ausgang der Blattzeit sollte er fallen. Da der Bock nicht kam, schoß er dann den Dachs, dessen Schwarte draußen hing. „Wenn du willst, kannst du mitessen. Heute gibt's bei mir Dachsbraten."

Und als ich gerade kein begeistertes Gesicht machte, denn Dachsbraten kannte ich wirklich noch nicht, da konnte er sich nicht beruhigen. „Was, das hast du noch nie gegessen? Das ist eine Delikatesse, besonders vom jungen Dachs. Alle fünf Finger wirst du dir ablecken." Er wußte sogar davon zu erzählen, daß dies einmal früher an der Festestafel der Ordensritter das Hauptgericht gewesen war.

Dann zog er sich in sein Gemach zurück, um den Braten anzusetzen. Ich folgte ihm, neugierig darauf, wie er hier hauste, und war angenehm überrascht. Vom Schafstall, der im Sommer leer stand, war eine Ecke durch eine starke Bohlenwand abgeteilt. Ein Herd, Tisch, Stuhl und ein Feldbett mit bunten Kissen und Woilachdecke, das war das Mobiliar. Ein Jäger konnte es hier schon ein paar Tage aushalten, und Janusch war, wie ich wußte, damals eingefleischter Junggeselle.

Bald begann es zu bruzzeln und zu schmurgeln, und es roch nach Schweinebraten. Die Tür zum Schafstall hatte Janusch wegen der Hitze geöffnet. „Paß auf den Braten auf, ich hole nur noch Krebse", rief er und lief hinaus wie ein Wiesel, obwohl er damals die dreißig schon überschritten hatte. Ich kam aus dem Staunen nicht heraus. Dachsbraten und Krebse, das wurde ja immer feudaler.

Dann widmete ich mich ganz dem Bratgeschäft, und ich muß sagen, es sah wirklich ganz appetitlich aus. Janusch hatte ein paar schöne Filets aus dem Rücken gelöst, die im eigenen Fett schmorten, und ich hatte zu tun, um sie fachgerecht zu wenden. Warum sollte es auch nicht schmecken?

Wenn Janusch nun tatsächlich mit Krebsen kam, dann mußte heißes Wasser bereit sein für die schmackhaften Krustentiere. Allmählich bekam ich Appetit auf die leckeren Sachen, die hier geboten wurden.

Es war noch keine halbe Stunde vergangen, als draußen der Hund anschlug. „So, Freundchen, nun sollst du sehen, wie wir hier leben. Brauchst aber keinem zu erzählen, wie Janusch dich bewirtet hat. Sonst bekomm ich noch öfter Gäste, und die kann ich nicht brauchen." Sprach's und holte aus dem Beutel ein gutes Dutzend Krebse, die er am Ufer immer im Korb bereit hatte, für besondere Zwecke, wie er schmunzelnd meinte.

Bald begann ein Schmausen draußen vor der Tür, wo wir den Tisch aufgestellt hatten, unter den rauschenden Kiefern, und die Sprosser im nahen Bruch spendeten die Tafelmusik dazu. Zuerst delektierten wir uns an den köstlichen Krebsen in aller Ruhe, die man dazu braucht. Statt Kartoffeln gab es zum saftigen Braten kerniges Roggenbrot, und ich muß sagen, daß mir selten ein Braten so gut geschmeckt hat wie der vom Dachs.

„Wegen der Trichinen brauchst dir keine Sorgen zu machen", meinte Janusch. „Ein junger Dachs wie dieser hat keine. Aber für alle Fälle wollen wir vorbeugen. Denn Prost!" Wir ließen die Flasche Wacholder kreisen, die Janusch unter seinem Bett hervorgeholt hatte, und wir tafelten immer noch, als die Sonne sich anschickte, hinter dem Bruch zu versinken.

Als ich mich zur Heimfahrt auf mein Rad schwang, mußte ich hochheilig versprechen, bald wieder zu kommen, auch ohne Zappka! So begann meine Freundschaft mit Janusch, dem alten Masurenjäger, eine Freundschaft, die anhielt, bis er abberufen wurde zur großen Armee.

2

Die Brautprobe – Als die Graugänse kamen

„Es muß eine Frau ins Haus, und zwar eine mit Geld." So sprach eines Tages Ohm Adamski mit ernster Miene zu Janusch, der nach dem fälligen Familienbesuch, wie es üblich war, die Mannsleute über den Hof durch die Ställe führte. Daß es nicht zum besten stand, ließ sich nicht verheimlichen. Schließlich hatte Janusch bei der Hofübernahme zwei Schwestern abfinden müssen, und die waren vom alten Bauern im Testament gut bedacht worden.

Und Tante Male hatte die Abwesenheit der Männer dazu benutzt, um ein bißchen im Hause herumzuspionieren. Bevor die ganze Gesellschaft sich an die Kaffeetafel setzte, nahm die listige Tante den greisen Ohm beiseite und zeigte ihm den „Kuckuck", die Visitenkarte des Gerichtsvollziehers, die dezent hinten am Schreibtisch in der guten Stube klebte. Das hatte ihm den Rest gegeben, und so kam es zu dem Beschluß, der gar nicht im Sinne des Delinquenten war.

Denn die kluge Tante, die immer gern ein bißchen Schicksal spielte, hatte auch gleich eine passende Kandidatin an der Hand. „Das wär doch was für die Frieda aus Bilderweitschen. Die ist ein Staatsmensch und hat auch was in der Hinterhand." Der Ohm hatte nur nachdenklich dazu genickt.

Kurz und gut, an einem schönen Wintertag, als es Pickelsteine zu frieren schien und man das Eis auf dem nahen Löwentinsee bullern hörte, mußte Zappka die dicken Füchse vor den besten Schlitten spannen, dazu das Geschirr mit dem Schellengeläut, mit dem man sonst nur am Weihnachtsabend zur Kirche fuhr.

Janusch tat sehr abwartend. Er wollte erstmal mit mir eine kleine Streife auf Enten oder einen Küchenhasen machen und sagte: „Laß sie man erst rankommen. Ansehen kostet ja nuscht."

Dann schaute er besorgt nach dem Himmel. „Du, weißt, das Wetter schlägt um. Wir bekommen noch mehr Schnee." Dabei blieb er wie angewurzelt stehen und rührte sich nicht vom Fleck, so daß ich schon ungeduldig wurde.

„Ja, hörst du denn nichts? Die Gänse kommen!" Tatsächlich, in der Luft beginnt es zu rauschen, und „gig, gack" ruft es vom Himmel. Zu sehen ist aber noch nichts. Beide stehen wir da und starren nach oben, als aus einer grauen Wolke die Leitgans auftaucht, und dahinter zum Keil wie mit dem Lineal ausgerichtet, das Geschwader der Wildgänse. Ab und zu stößt der Führer vorn einen leisen Ruf aus, als gäbe er seine Kommandos, und jedesmal reagiert die ganze Gefolgschaft mit einer leichten Schwenkung.

Beide sind wir fasziniert und können uns nicht sattsehen. Dann beginnen wir zu zählen, geben es aber bald auf. Es scheint so, als ob sich die beiden Linien des Keils etwas lockern. Sie überfliegen, immer langsamer werdend, den Hof, und hinter dem Scheunendach gehen sie tiefer. „Junge, sie wollen einfallen."

Janusch ist ganz aus dem Häuschen. Mit einem Freudenschrei ist er davon, kommt aber bald im Dauerlauf zurück. Er hat nur seine Flinte mit der Büchse vertauscht. „Auf der Wintergerste hinter dem Mergelloch fallen sie ein wie jedes Jahr. Doch diesmal kommen sie sehr früh. Nimm deine Flinte und hör gut zu . . ." Damit beginnt er seinen Schlachtenplan zu entwickeln.

„Ja, willst du denn jetzt auf Jagd, wenn jeden Augenblick das Mädchen vom Bahnhof eintrifft. Was wird die Tante sagen?"

Doch den Janusch hat das Jagdfieber gepackt. Er zuckt nur die Achseln und meint trocken: „Dann haben sie eben Pech gehabt, und ich will auch die krätsche Marjell aus der Gumbinner Gegend erst mal auf die Probe stellen."

Wir gehen also in den Pferdestall und ziehen uns jeder ein weißes Nachthemd von Janusch über die Pelzjoppe. Alles verläuft dann genau nach Plan. Ich muß auf allen Vieren durch den pappigen Schnee unten im Graben sachte Schritt für Schritt bis an die Saatfläche heran, auf der wir die Gänse einfallen sahen. Janusch hat sich im Zeitlupentempo auf der anderen Seite an den Busch vor der Mergelkuhle herangeschlichen, um sich mit der weittragenden Büchse dort anzusetzen.

Inzwischen bin ich soweit heran, daß ich einen ersten Blick aus dem Graben auf die vor mir liegende Fläche riskieren kann. Der Wind hat die Kuppen etwas freigefegt, und die grüne Saat schimmert durch den Schnee. Hier am ersten Grün tun sich die Gänse gütlich. Sind es hundert, zweihundert? Doch ich muß jede Bewegung vermeiden, denn immer halten die „Horchposten", einige der großen, silbergrauen Vögel unverwandt den Kopf hoch, während die anderen eifrig äsen.

Hinter einem kleinen Strohhaufen habe ich mich schußfertig gemacht. Auf dreißig Schritt etwa habe ich die erste Gans anvisiert. Doch ich muß warten, bis Janusch den ersten Schuß mit der Büchse abgibt. Endlich blitzt es drüben im Schilf der Lehmkuhle, und auch ich kann den Finger krumm machen. Die Gans bleibt schwingenschlagend liegen. Gleichzeitig mit dem Knall der Schüsse erheben sich wie auf einen Schlag die übrigen in die Luft. Schnell noch einen zweiten Schuß hinterher, und dumpf schlägt einer der schweren Vögel auf den Schnee.

Auch Janusch hat schnell repetiert und einen zweiten Büchsenschuß hinterhergejagt. Schwerfällig flatternd geht die getroffene Gans anscheinend geflügelt zu Boden. Während das ganze Geschwader über unsere Köpfe davonrauscht, geht ein Luftzug wie eine Stumböe über die Erde. Immerhin, vier der sieben- bis achtpfündigen Vögel sind gefallen.

Janusch ruft schon von weitem: „Na, das hat geklappt!" Freudestrahlend kommt er mit seiner ersten Gans über die Saat angelaufen und ist an der Stelle stehengeblieben, wo der zweite Vogel aufschlug. Doch sein Gesicht ist wie gewandelt, eben himmelhoch jauchzend, jetzt wie vom Donner gerührt. Wo ist die vierte Gans?

Das haben wir doch beide eben gesehen: Vier Vögel sind auf der Erde geblieben. Aber wir finden nur drei und beginnen planmäßig die Umgebung abzusuchen. Jedoch vergeblich. Bis zum Graben, der den großen Gerstenschlag in der Mitte teilt, ist der Schnee von den

Rudern der Gänse zerwühlt. Aber außer Federn ist nichts zu finden. Mehrmals haben wir schon den Rastplatz der Gänse umkreist.

Schließlich sagt Janusch kopfschüttelnd: „Da hilft nichts! Luchs muß her." Das war sein zweiter Jagdhund, zwar nicht ganz rasserein, aber mit guter Nase, und er apportierte alles, was er tragen konnte.

Gesagt, getan. Wir marschieren mit unseren drei Gänsen auf den Hof und liefern die Beute in der Küche ab. Janusch legt schon an der Tür vor dem Mädchen, das gerade für die Damen den Kaffee aufbrüht, unmißverständlich den Finger auf den Mund. Er weiß, er kann sich auf Mariechen verlassen. Sie ist gewohnt, zu schweigen wie ein Grab.

Schnell schlürfen wir noch jeder am Herd einen Kaffee, und dann ist Janusch auch schon wieder draußen, um den Hund zu holen, denn bald wird es dunkel. Nur ich Unglückswurm bin zurückgeblieben und habe mir einen Streifen von dem so appetitlich duftenden Streuselfladen geben lassen, als Tante Male wie eine Fregatte in die Küche gesegelt kommt.

„Wo steckt eigentlich der Paul, dieser Lorbaß? Will er sich nicht endlich um seinen Besuch kümmern?" Wie eine Katze mit den Augen funkelnd fährt sie auf mich los, und ich weiß, sie ist mir sowieso nicht grün. Ich kann nur stammeln: „Wir müssen noch eine angeschossene Gans suchen ..."

„Ihr seid mir schöne Jägers, zwei Mann um eine einzige Gans! Paul kommt sofort her! Sonst soll er mich kennenlernen!" Schleunigst mache ich mich davon, um Janusch zu suchen. Doch der hat schon längst etwas geahnt und ist außer Sichtweite. Unter seinen Tritten höre ich nur noch den Schnee knirschen; ab und zu pfeift er nach seinem Hund.

Als wir wieder am Ort des Geschehens sind, hat der Frost angezogen, und der Schnee schimmert schon bläulich. Die Stelle, an der die geflügelte Gans heruntergegangen war, hatten wir mit Ästen abgesteckt. Und hier setzt Janusch seinen Hund an. Er ist schon ganz kleinlaut und gibt zu: „Es war ein verdammt leichtsinniger Schuß. Eine geflügelte Gans kann sich im Schnee unsichtbar machen. Es wäre ein Wunder, wenn wir sie finden."

Merkwürdig, der Luchs läuft immer zum Graben zurück, obwohl wir die ganze Länge mehrmals abgesucht haben. Jetzt winselt er und geht ab wie die Feuerwehr in Richtung auf die Lehmkuhle, wo der Schütze gesessen hatte. So weit kann doch die angeschossene Gans nicht gegangen sein. Dann gibt er Laut und arbeitet grimmig kläffend in einer Schneewehe des Grabens.

Mit einigen Sätzen ist Janusch bei ihm und nimmt dem freudig wedelnden Hund die vierte Gans aus dem Fang. Der geflügelte Vogel hatte sich unter der stehengebliebenen Eiskruste des Grabens, nur ein paar Handbreit, so heimlich davongemacht, daß wir trotz aller Mühen mit unseren menschlichen Sinnen davon nichts spürten. Und da sprechen wir Menschen immer von der dummen Gans!

Im Windschutz der Strohdieme standen wir noch eine Pfeifenlänge und beratschlagten, wie es nun weitergehen sollte. Janusch hatte wohl doch ein schlechtes Gewissen und meinte: „Ja, sollten wir denn die Gänse unbeschossen lassen, wo sie nur einmal im Jahr ziehen. Wenn die Marjell aus Bilderweitschen dafür kein Verständnis hat, ist sie sowieso nicht die Frau für mich."

Dabei hatte er es gar nicht nötig, lange herumzugrübeln. Das Schicksal hatte nämlich schon längst eingegriffen und meinen guten Jagdkumpan vor einem vielleicht verhängnisvollen Schritt bewahrt, bis übrigens einige Jahre später die richtige Frau ins Haus kam.

Zappka stand grienend am Pferdestall und meldete: „Das fremde Fräulein wollte nicht länger warten. Ich hab sie eben zum Abendzug nach Lötzen gebracht und soll vielmals grüßen."

Und als Janusch erleichtert aufatmet, kann er es sich nicht verkneifen, hinzuzusetzen: „Da geht sie hin und kommt nicht mehr..."

3

Der Fehlabschuß — Geld allein macht nicht den Jäger

Eigentlich fing die Sache schon mit der Jagdverpachtung an, der Ärger nämlich meines lieben Freundes Janusch mit dem großen Bauern Bogdanski, der ein dickes Konto auf der Kreissparkasse hatte, während die anderen Bauern des Dorfes sich auf ihrem „Piasseck" (das war leichter Sandboden) gerade so über Wasser hielten. Und wie es im Sprichwort heißt: wo Tauben sind, fliegen Tauben hin. Jedenfalls war das halbe Dorf bei Bogdanski verschuldet. Alle schimpften sie im stillen über den eingebildeten Kerl. Aber wenn er sich einmal im Krug sehen ließ, zogen sie meist das Genick ein und ließen sich von ihm spendieren.

So ging das auch bei der Jagdverpachtung her. Zuerst waren sich alle einig, daß Janusch, dessen Großvater schon auf der Gemarkung zwischen See und Bruch die Jagd hatte, sie auch weiter behalten sollte. Beide Teile waren bei dieser Regelung bisher immer gut gefahren. Die Grundbesitzer hatten immer pünktlich ihren soliden Jagdzins erhalten, wenn es auch Janusch manchmal etwas schwerfiel. Und das Wild wurde gehegt und gepflegt nach den ungeschriebenen Gesetzen alter waidmännischer Tradition, die dann später verbrieftes Reichsgesetz wurde.

Aber dann kam plötzlich Bogdanski mit seinem dicken Schwager aus der Stadt an, einem Brauereibesitzer, und der ließ auffahren, was das Herz begehrte. Gerade die kleinen Kätner, die sonst immer auf Janusch eingeschworen waren, gerieten ganz aus dem

Häuschen, als der so überaus spendable Paprottka ein paar Pullen Sekt springen ließ.

Janusch hatte schon gemerkt, wohin der Hase lief. Er setzte sich mit seinen Getreuen in die Ecke des Klubzimmers. Und als der Brauerei-Onkel seine Runden schmiß, erklärten sie: „Unser Bier zahlen wir selbst.“ Damit waren die Fronten klar abgesteckt, und der Bogdanski blickte ziemlich verdattert herüber.

Als dann noch der Amtsvorsteher erschien, war dicke Luft im Saal, und jeder sagte sich, jetzt kommt etwas Besonderes. Janusch wußte aber schon vorher Bescheid. Daß nämlich auf Betreiben der feindlichen Clique die Gemeindejagd zum selbständigen Bezirk erklärt worden war, getrennt von seiner Eigenjagd, die sie ihm ja nicht nehmen konnten.

Das Gebot für die Gemeindejagd war von Anfang an so hoch, daß Janusch überhaupt nicht mitbot und verzichtete. Verzichtete auf ein Revier, aus dem die Gehörne von drei Jägergenerationen, liebevoll hergerichtet, die Wände seiner guten Stube schmückten.

Als der protzige Paprottka den Zuschlag erhielt, war Janusch kalkweiß wie die Wand, und seine Freunde taten, bevor er irgend eine Dummheit anstellte, das Beste, was sie tun konnten. Sie hakten ihn unter und führten ihn nach Hause.

Dann kam die Zeit der Hühnerjagd, und Janusch als einer der besten Flintenschützen weit und breit mit seinem Hasso, einem Meister im Vorstehen, konnte sich vor Einladungen nicht retten. Eines Abends kam auch der Kutscher vom Bogdanski mit einer Einladung des neuen Revierpächters. Janusch wollte ihn zuerst kurz abfertigen. Aber Zappka, seine rechte Hand nicht nur auf dem Hof, sondern auch in allen Lebenslagen, riet ihm anders. „I wo, mußt hingehen, jetzt gerade! Nicht kneifen, vielleicht kannst ihm noch mal auf andere Art heimzahlen.“

Janusch überwand sich also und folgte der Einladung in sein ehemaliges Revier. Als er morgens bei Bogdanski auf den Hof kam, glaubte er zuerst, er wäre am falschen Platz. Die Landauer und Kaleschen standen in Reihen, als sollte es zu einer Hochzeit gehen, und die Kostümierung der Herren, die sich mit ihren Flinten um den dicken Bierbrauer versammelt hatten, war auch danach. Paprottka selbst mit seinem überdimensionalen Gamsbart am

Hut und seinen knallgelben Ledergamaschen bot das Bild eines zünftigen Sonntagsjägers.

Dazu sein Hund, ein Pointer, weiß mit schwarzen Flecken, wie man ihn hierzulande noch nicht kannte, das war bestimmt der letzte Schrei und hatte auch eine schöne Stange Geld gekostet, wie sein Besitzer jedem stolz versicherte. „Ob er dies Geld wert ist, das wird sich bald zeigen“, meinte Janusch trocken und stellte im übrigen fest, daß der Jagdherr schon einen recht feuchten Zungenschlag hatte. Eine Batterie leerer Flaschen stand im Hintergrund.

Immerhin konnte er es sich nicht verkneifen, nach den Böcken zu fragen, die Paprottka im neuen Revier gestreckt habe. Dabei wußte er ganz genau, daß die Leute beim Heumähen an der Grenze im Bruch einen jungen Gabler verludert fanden und daß ein zweiter mit Laufschuß ins Feindliche gewechselt war. Paprottka winkte großspurig ab. Bisher sei ihm noch keiner schußgerecht gekommen. Aber das würde nun bald anders. Acht Hochsitze lasse er bauen, und den ersten würde er in der nächsten Woche einweihen.

Janusch hörte sich das an und dachte sich sein Teil. Bisher waren sie mit einer einzigen Leiter am Rande der Fuhren, die sein Vater noch selbst gezimmert hatte, immer gut ausgekommen.

Die Hühnerjagd in seinem schönen ehemaligen Revier wurde die größte Enttäuschung seines Jägerlebens. Schon der erste große Rübenschlag vom Zoch, in dem eigentlich immer einige starke Völker lagen, war wie leergefegt. „Ist ja auch kein Wunder“, sagte der „Baron“, wie sie ihn allgemein spaßeshalber nannten, „erst gestern abend hat er hier seinen neuen Hund ausprobiert.“

Dann kamen sie an einen Kleeschlag, in dem die Völker gute Deckung hatten. Unter einem Dutzend am Galgen war hier Janusch nie fortgegangen, wenn er mit ein paar Freunden und mit guten Hunden jagte. „Hier müssen sie eigentlich gut halten“, meinte Zoch, einer der Vertrauten Januschs, in Erinnerung an die früheren Strecken.

Aber es kam ganz anders. Die Jäger waren noch alle auf dem Feldweg versammelt, als der Pointer von Paprottka, hinter sich Bogdanskis Hofhund, lospreschte. Eine Kette nach der anderen stand unbeschossen auf und verschwand am Horizont.

Janusch und seine Getreuen standen sprachlos da. Die übrige Gesellschaft unterhielt sich laut und wild gestikulierend wie auf dem Jahrmarkt. Auch einige Flaschen kreisten schon wieder, und das am hellen Vormittag. Auf dem nächsten Schlag mit Lupinen bot sich genau dasselbe Bild. Anscheinend war der Jagdherr mit seiner Neuerwerbung von Vorstehhund schwer hereingefallen. Durch sein ungezügeltes Temperament riß er auch andere sonst gehorsame Hunde mit sich, so daß die Jäger nur vereinzelt zu Schuß kamen.

„Wenn das so weitergeht, bleibe ich am Nachmittag zu Hause", sagte als erster der „Baron". Janusch und die ganze alte Jägergarde erklärten sich solidarisch. „Oder Sie lassen Ihren Köter im Bau. Das soll ein Vorstehhund sein?"

Der dicke Bogdanski lief puterrot an und schrie, ohne sich umzusehen: „Wen geht das wohl was an." Als die ganze Gesellschaft schadenfroh griente, merkte er erst, was er angerichtet hatte.

Der Zwischenruf kam vom Tierarzt, einem alten Hundefachmann, dem lieben Spezi vom Janusch, und jeder Jäger rund um den Löwentinsee wußte, mit dem war nicht gut Kirschen essen. Der Doktor funkelte sein Gegenüber nur kurz durch die Brillengläser an und wandte sich brüsk an den neuen Revierpächter.

„Mein lieber Herr Paprottka, solange ich zur Jagd gehe, habe ich solch ein Trauerspiel noch nicht erlebt. Das reicht mir für heute. Ich hab noch etwas anderes vor. Viel Spaß noch!" Sprach's, schwang sich auf sein Motorrad und knatterte davon.

Einige Tage später pürschte Janusch an einem herrlichen Herbstmorgen durch sein kleines Eigenrevier und genoß den heraufziehenden schönen Septembertag.

Im Morgengrauen war ihm ein Perückenbock vor die Büchse gekommen, und er war froh, das Tier vor einem qualvollen Tod bewahrt zu haben. Nach dem Aufbruch hatte er das Wildbret an eine Erle gehängt. Zappka sollte es später holen. Er selbst wollte einmal an der Grenze zum „Feindlichen", zu seinem früheren Revier entlangschlendern.

Hammerschläge zerrissen die Morgenstille und ließen vermuten, daß drüben der komfortable Hochsitz vor der Vollendung stand. Janusch beobachtete die Handwerker eine Weile bei der Arbeit durch sein Fernglas und ging dann ein Stück den verwachsenen Feldweg hinunter in Richtung auf das Dorf.

Am Feldrain hatte Schneidermeister Weber seinen „Felix“, einen betagten Ziegenbock, angetüdert, der sich am fetten Gras gütlich tat. Freund Janusch machte es sich auf einem vom Sturm umgebrochenen Baumstamm bequem, schmauchte sein Morgenpfeifchen und freute sich an dem guten Appetit des Stammvaters vieler Ziegengenerationen. Eigenartigerweise sah der rotbraune Bock einem Stück Rehwild ähnlich, und diese Farbe war bei den meisten seiner Nachkommen durchgeschlagen. Meister Weber pflegte dies als das Kennzeichen einer besonderen Ziegenrasse zu bezeichnen, die aus dem Harz stamme und eine sahnige Milch liefere.

Ja, das Schneiderlein braucht wenig Schlaf. Morgens beim ersten Tageslicht bringt er schon seinen Ziegenbock hinaus auf die Weide, und abends, wenn's schon dunkel ist, holt er ihn erst heim. Es ist schon vorgekommen, daß er ihn die ganze Nacht draußen läßt. So ungefähr machte sich Janusch seine Gedanken, klopfte seine Pfeife aus und ging zum Hof, um sein Tagewerk zu beginnen.

Ein paar Tage später schüttelte Zappka den Kopf, als der Bauer am späten Nachmittag ohne Drilling und ohne Hund das Haus verließ. Und das, obwohl die Bockjagd noch auf war. Als Zappka ihn fragte, gab er zur Antwort, er wolle nur nach seinen Rindern auf der anderen Seite des Bruchs sehen, und das sei ja nicht mehr sein Revier. „Vielleicht komm' ich heute abend später.“ Aber Zappka, der alte Fuchs, kannte seinen Janusch besser und schaute ungläubig drein.

Am Nachmittag herrschte zwischen Bogdanskis Hof und dem Revier seines Schwagers ein reger Fuhrwerksverkehr. Paprottka versah seinen neuen Hochsitz mit dem nötigen Inventar für die Bequemlichkeit, dazu mit einigen Kisten Bier und allerhand scharfen Sachen. Heute abend sollte der erste Hochsitz gebührend eingeweiht werden. Davon sprach schon das ganze Dorf.

Zuerst gingen die beiden Schwäger allein los, mit Gewehren und Hunden, vor allem mit Proviantpaketen, als gedächten sie, vierzehn Tage wegzubleiben. Die Damen aber sollten erst nachkommen, natürlich im Landauer, wenn es ganz dunkel war, damit die vorgesehene Fackelbeleuchtung auch zur Geltung kam. Ja, so zünftig war das Programm! Außerdem hatte Paprottka, großspurig wie immer, angekündigt: „Heute liegt der Bock!“

Dann saßen sie auf ihren gepolsterten Bänken in der neuen Kanzel, der Bogdanski mit vollem Bierglas und der Havannakiste neben sich, und der Paprottka, der nervös sein Fernglas zum hundertsten Male an die Augen nahm. Doch die Feldmark war wie leergefegt; kein Rehwild weit und breit. Die Hunde winselten am Fuß der Leiter, und oben bei den Herren Jägern ging es auch nicht gerade leise zu.

„Ach wat, schiet up denn Bock, Prost Schwager!“ So gröhlte Bogdanski und wollte nicht Ruhe geben. Aber Paprottka winkte ab. Solange noch Büchsenlicht war, wollte er die Hoffnung nicht aufgeben.

Doch es war wie verhext. So weit die Sicht reichte, war außer ein paar Rindern auf der kümmerlichen Weide nichts zu erblicken. Doch dort am Rande der Kleestoppeln bewegte sich etwas. Schnell stellte Paprottka sein Glas schärfer ein, drehte und drehte.

Tatsächlich, im letzten Dämmerlicht zieht gemütlich am saftigen Klee äsend ein Bock quer über den Schlag. „Ein gutes Gehörn, hoch über die Lauscher, aber nur ein Spießer, ein Mordsbock.“ So brasselt er vor sich hin und legt auf.

Die Büchse geht wie ein Lämmerschwanz hin und her. „Jetzt steht er gut“, flüstert er, und dann macht es klick. „Verdammt noch mal, auch noch gesichert.“ Doch scheinbar hat der Bock die Ruhe weg, denn er steht immer noch, steht wie auf dem Präsentierteller. Endlich rummst es, und der Paprottka stößt erleichtert die Luft aus. „Ich denk, den hat's erwischt.“

Und dann klettert er wie ein Wiesel die Leiter hinunter, während Bogdanski, der das alles als ein lästiges Übel ansieht, sich sehr viel Zeit läßt. Der Schwager hat schon längst bemerkt, daß sich vom Bruch her im Dunkeln eine Mannsgestalt nähert.

Voller Unruhe erwartet er den späten Gast. Es ist Janusch. „Nanu, noch so spät unterwegs?“, fragt Bogdanski mit süßsaurer Miene.

„Ja, ich wollte den neuen Revierherren doch Waidmannsheil wünschen“, krakeelt der und hat es anscheinend sehr eilig.

Mittlerweile haben sie sich dem Schützen und seiner Beute genähert. Zuerst finden sie den Paprottka gar nicht. Er kniet wie gebrochen vor seinem Bock und wagt nicht, sich aufzurichten.

„Gustav, ist dir nicht gut?" Aber dem hat wohl das unerwartete Jägerglück die Sprache verschlagen. Bis Janusch an das erlegte Stück herantritt und das Haupt von „Felix", dem Ziegenbock mit seinem stattlichen Bart, hochhebt.

„Es ist ein Fehlabschuß". Kleinlaut kommt es von Paprottka, der sich immer noch nicht aufrichtet.

„Ja, und was für einer", ruft Janusch." Das wird mit einem Hunderter gar nicht gut zu machen sein."

„Ich schreib' einen Scheck auf jede Summe", antwortet Paprottka, dieses Häufchen Unglück.

Und Janusch meint nur: „Ob der Zuchtbock für den Besitzer überhaupt mit Geld zu bezahlen ist, das müssen Sie ihn selbst fragen."

Wie aber des Schneidermeisters Ziegenbock in Paprottkas Jagdrevier kam, das wissen die Leute aus der näheren und weiteren Umgebung bis heute nicht.

4

Die Bewährung – Ein Hund hat seinen großen Tag

Bald darauf erhielt Janusch eine Einladung auf Sauen von seinem alten Schulkollegen, dem Franz Bukowski, mit dem er in seinen jungen Jahren die unbequemen Bänke der Landwirtschaftsschule gedrückt hatte. Franz erbte bald darauf einen Hof, einen wunderschön am Rande der Staatsforst gelegenen ansehnlichen Hof, und sie hatten sich beide völlig aus den Augen verloren.

Erst auf der letzten Bullenauktion in Insterburg waren sie zusammengetroffen, und es gab ein feucht-fröhliches Wiedersehen, das bis zum Morgengrauen andauerte. Janusch mußte fest und heilig versprechen, Franz auf seinem Hof am Ufer des Arys-Sees zu besuchen. „Aber bring unbedingt deine Flinte mit, denn Sauen gibt es auf meinen Feldern, davon kannst du dir keine Vorstellung machen. Von den Kartoffeln bleibt oft für mich kaum was über ..." Denn schon damals wurde zum Thema Wildschaden bisweilen ein wenig gepokert.

Nun war ein Brief eingetroffen, in dem es hieß: „Lieber Paul! Du tust mir einen ganz großen Gefallen, wenn du noch diese Woche kommst. Wir können uns beide bei Vollmond ansetzen, damit du mit der Örtlichkeit etwas vertraut wirst. Denn nächste Woche hab ich große Drückjagd, zu der auch die Förster aus dem Staatlichen kommen. Da mußt du sowieso dabeisein. Und einen Hund mußt du mitbringen, ganz gleich welche Rasse, aber scharf wie Gift muß er sein ..."

Janusch hatte selten Gelegenheit, auf Schwarzwild zu jagen, denn in den ihm zugänglichen Revieren kamen keine Sauen vor. Auch sagte er sich: „Ich hab ja jetzt einen tüchtigen jungen Mann. Dem kann ich die Wirtschaft wohl für eine Woche überlassen."

Außerdem konnte er auf der weiten Fahrt kurz bei der schönen Lehrerstochter mit den schwarzen Kirschaugen Station machen.

Als er schon im Einspännerwagen saß und abfahren wollte, mußte Zappka „Luchs" erst suchen und reisefertig machen, denn der Hund mußte ja mit, wenn er auch mit Schwarzwild bisher kaum in Berührung gekommen war. Daß er ein Draufgänger war und sich seiner Haut zu wehren verstand, das hatte er zur Genüge bewiesen. Erst vor ein paar Tagen hatte er, nicht größer als ein Drahthaar, eine Riesendogge, so groß wie ein ausgewachsenes Kalb, die ihn angriff, in einer Viertelstunde kampfunfähig gemacht, so daß sie erschossen werden mußte.

Unterwegs in dem Kirchdorf, in dem die schöne Margot zu Hause war, hatte er Glück. Sie stand gerade am Gartenzaun und pflückte Stangenbohnen, als sein Wagen in flottem Trab auf der Chaussee herankam. Janusch wollte ihr nur guten Tag sagen, sie nur sehen, nichts weiter. Ins Haus ging er nicht mit. Dazu hatte er keine Zeit. Aber als sie mit einem Glas Portwein an den Wagen kam, dauerte es doch eine halbe Stunde, bis er das Glas geleert hatte.

Daß sich die ganze Zeit über am Eckfenster des Lehrerhauses die Gardinen bewegt hatten, bemerkte niemand ...

Der Empfang bei Franz und seiner jungen Frau war so herzlich, daß es dem alten Junggesellen, der nur die Jagd als Unterbrechung seiner Bauernarbeit kannte, ganz warm ums Herz wurde. Irgendwie ging ihm das schöne Bild von Margot am Gartenzaun nicht mehr aus dem Sinn.

Aber dann verlangte noch am gleichen Abend nach der üblichen Besichtigung des Viehs und nach einer gemütlichen Abendbrotstunde Diana ihr Recht.

„Wir müssen sehen, daß wir uns an den Kartoffelmieten ansetzen, bevor der Mond austritt. Alle meine Kartoffelschläge liegen auf dem leichten Piasseck am Staatsforst, die Mieten bei dem milden Wetter nur mit einer leichten Strohdecke. Was glaubst du, wie da die Sauen hausen.“ So sprach Franz, und sein Trudchen mußte den Tisch wieder abdecken.

Die beiden Freunde hatten sich soviel zu erzählen als sie sich den Kartoffelmieten näherten, daß sie fast den Zweck ihres Kommens vergaßen.

„Mensch, Franz, du bist doch zu beneiden ...“ Doch weiter kam er nicht, denn der winkte energisch ab und zeigte auf eine Reihe schwarzer Schatten, die sich vom Waldrand lösten und schnurstracks quer über den Schlag die Mieten anpeilten. Sechs, sieben Überläufer, darunter auch ein stärkeres Stück, wahrscheinlich eine Bache, sie hatten es sehr eilig, an die Kartoffeln heranzukommen und fanden sofort eine Stelle der Mietendecke, die schon aufgebrochen war.

Bald hörte das Grunzen und Quieken auf, und laut schmatzend standen sie im Gebräch. Unsere beiden Jäger hatten Zeit, die Schwarzkittel mit ihren Gläsern in aller Ruhe zu betrachten. Es waren fast hundert Meter bis zum eifrig brechenden Wild, das im vollen Mondschein wie auf dem Präsentierteller wirkte. „Wie kommen wir heran?“ flüsterte Janusch und beruhigte seinen „Luchs“, der mit gesträubtem Nackenhaar Witterung aufnahm.

„Abwarten, die gehen noch an die andere Miete mit den blauen Frühkartoffeln.“ Die Bache warf mißtrauisch auf, fuhr aber bald mit ihrem genüßlichen Schmatzen fort. Franz hatte sich ganz in die Strohdecke hineingekuschelt, und Janusch machte es ihm nach. So träumten sie eine Weile vor sich hin.

Der Mond hatte sich nur für ein paar Minuten hinter einem Wölkchen versteckt. Da hörte wie auf Kommando das Schmatzen auf. Blasend und rumpelnd schob sich die Rotte langsam heran. Janusch drückte seinen Hund so energisch an den Boden, daß der sich nicht mehr zu rühren wagte. Bis auf 40 Schritt ließen sie die Überläufer heran. Dann machte Franz ein paarmal laut „Wuff, wuff“, und ruckartig stand die ganze Gesellschaft frei und breit im vollen Mondlicht.

Der erste Überläufer fällt im Feuer von Franz. Der nächste wird von ihm nur angekratzt. Klagend schleppt er sich weiter. Janusch hat verabredungsgemäß auf das letzte Stück der Rotte gehalten, das im Knall zusammenbricht. Wie ein Spuk ist das

Ganze, nach allen Seiten auseinanderspritzend, blasend und schrekkend auf und davon. Nur das angeschossene, ziemlich starke Stück kommt nicht mit.

„Schnell den Hund nach", ruft Franz, und Janusch hat schon die Halsung gelöst. Wie ein Satan jagt Luchs in großen Sprüngen über das Feld und packt die klagende Sau am Hinterlauf. Sie fährt herum und schlägt nach ihm. Doch er läßt nicht locker, verbeißt sich im Teller des Stücks und hält es fest, bis die Jäger heran sind. Als Janusch den Hund abpfeift, damit Franz dem kranken Stück den Fangschuß geben kann, dauert es eine ganze Weile, bis er reagiert. Aber auf energischen Anruf gibt er mit sichtlichem Widerwillen klein bei.

„Mensch, Paul, der Hund ist 'ne Wucht. Wo ist der her?" fragt Franz und will es nicht glauben, als die Antwort kommt: „Der ist mir zugelaufen."

Als die Jäger die drei Stück Wild versorgt haben, kommen sie auf die Drückjagd zu sprechen, die übermorgen steigen soll. „Weißt, Paul, da ist einer dabei, ein Viehhändler, der hier in der Nähe ein Revier hat, mit ziemlichem Mundwerk. Der kennt keine Hemmungen, der schießt sogar beim Ansitz auf Schwarzwild, wenn die Sauen ihm so kommen wie heute uns, zuerst die Bache. Das nennt er dann vorbeugende Wildschadensverhütung. Vor dem mußt' dich vorsehen."

Dann war es soweit. Schon im Morgengrauen herrschte bewegtes Leben auf dem Hof. Die Treiber, die den weitesten Weg von ihren abgelegenen Katen hatten, waren die ersten mit ihren aufgeregt jaulenden Hunden, und in der Waschküche versammelten sie sich zum Frühstück. Die Jäger ließen sich etwas mehr Zeit. Es war schon ein wilder Haufen, die meisten mit einem tollen Stoppelbart, denn ein frisch rasierter Schütze hat bekanntlich keinen Anlauf. Auch die Joppen und Lodenmäntel waren so abgewetzt und zerschlissen, wie man sie sonst höchstens bei Landstreichern fand.

Janusch achtete besonders auf die Hundemeute, die sich herumbalgte. Vom Foxterrier bis zum Boxer und Dackel jeder Schattierung waren alle Rassen und die ausgefallensten Mischungen vertreten. Jeder Führer wußte Wunderdinge von ihrer Schärfe zu erzählen. „Luchs“ stach jedenfalls von diesen Fixkötern wohltuend ab.

„Wir müssen noch etwas warten, bis die Förster kommen, wegen der guten Nachbarschaft.“ So beruhigte Franz die schon etwas ungeduldig werdende Gesellschaft und ließ eine Flasche Kornus kreisen. Die Jäger machten sich gegenseitig bekannt. Da waren mehrere Gutsbesitzer aus der Johannisburger Gegend, auch ein Domänenpächter, alles zünftige Waidmänner, mit denen sich der Franz gut verstand. Seine Hofnachbarn, soweit sie Jäger waren, meldeten sich vollzählig zur Stelle, und mancher hatte schon seit dem Morgengrauen einen strammen Fußmarsch hinter sich.

Neben den vielen Gästen, die mit dem Pferdefuhrwerk gekommen waren, fiel einer besonders auf, der mit gellender Hupe im einzigen Auto angebraust war. „Natürlich der dicke Grigo! Wer kann es anders sein.“ Alle kannten ihn, denn sie machten mit ihm ihre Geschäfte, mit dem Viehhändler, der sich seiner wichtigen Rolle im heimischen Wirtschaftsleben bewußt war.

Als er vor Janusch stand, den Franz vorstellte, stutzte er kurz und meinte: „Aha, einer vom Löwentin, aus dem Ausland, der will uns sicher zeigen, wie man Sauen jagt.“

Das stieß unserem Janusch schon übel auf, denn jedermann wußte, daß es bei ihnen kein Schwarzwild gab. Doch dann meinte der dicke Viehhändler, neugierig den Luchs musternd: „Bei euch gibt’s aber merkwürdige Jagdhunde.“

Das ging dem alten Bauernjäger doch gegen den Strich, und er antwortete in unmißverständlicher Abwehr: „Aber solche, auf die man sich verlassen kann, wenn es drauf ankommt!“ Und er ahnte nicht, wie sich dieses Wort bewahrheiten sollte.

Dann waren die Herren vom Forstamt gekommen, adrett in ihren Uniformen, und jeder mit einem gut abgerichteten Jagdhund. Grigoleit, sonst immer ziemlich vorlaut, hielt sich jetzt zurück. Bald brachen sie auf, in einem langen Leiterwagen, mit Tannengrün geschmückt.

Vor dem ersten Treiben, das einem dichten Stangenholz von ziemlicher Ausdehnung gelten sollte, hielt der Oberförster eine kurze Ansprache, an den für den heutigen Tag Franz alle Rechte und Pflichten des Jagdherrn abgetreten hatte. Obwohl in dem

Dickicht Sauen stecken mußten, fielen nur zwei Schüsse, und ein Überläufer kam zur Strecke. „Abwarten", konstatierte der Oberförster, „das Schwarzwild steckt heute woanders."

Dann hatten sie ein kleines Tal mit undurchsichtigem Erlen- und Buchenjungholz umkreist, in dem Sauen stecken sollten. Kaum waren die gut verblendeten Stände bezogen, da meldete auch schon die Hundemeute, daß hier wirklich etwas los war. Eine starke Rotte spritzte nach allen Seiten auseinander, und dann fiel Schuß auf Schuß. Jeder der Schützen hatte „sich gelöst", wie es so schön heißt.

Janusch bekam in diesem Treiben die Gefahren der Schwarzwildjagd zu spüren. Er saß dicht vor einem Himbeergestrüpp, in das ein stärkeres Stück von zwei Hunden gestellt, sich hineindrükken wollte. Die Sau verhoffte kurz, als die Hunde sie auch schon angesprungen hatten und wie die Kletten an ihr hingen. Janusch hatte zwar das Stück als einen starken Keiler angesprochen, war sich aber nicht im klaren, ob er ein Hauptschwein schießen durfte.

Dann schlug der Keiler nach dem kleineren Hund. Der flog jaulend und klagend in hohem Bogen in das Dickicht und blieb liegen. Inzwischen hatte die Sau, grimmig blasend, den Jäger eräugt, machte sich mit äußerster Wut vom zweiten Hund los und nahm Janusch an. Der hatte das Gewehr wieder abgesetzt, weil er sich bemühte, die Vorgänge im Gebüsch zu verfolgen, als wenige Meter vor ihm der Keiler mit offenem Gebrech auftauchte.

Doch Janusch verlor die Ruhe nicht. Aus der Hüfte heraus krachte der Schuß, und das Brennecke-Geschoß faßte das Stück zwischen den grimmigen Lichtern. Aber die Knie zitterten ihm doch etwas, als er vor seinem ersten wehrhaften Wild stand.

Dann suchte der Treiberjunge ganz aufgeregt seinen kleinen Terrier. Doch der war längst verendet. Der Keiler hatte ihm die Seite aufgerissen. Einer der Förster war herbeigelaufen, um Janusch Waidmannsheil zu wünschen, und sagte dazu nur trocken: „Ja, wer Schweinsköpfe essen will, muß Hundsköpfe wagen."

Der Junge sah ihn verständnislos an und sagte ganz weinerlich: „Ich will aber keinen Schweinskopf!"

Im letzten Treiben geschah etwas, das allen Beteiligten noch lange in Erinnerung bleiben sollte. Diesmal steckten die Sauen in einem Kieferngehölz am Rande des „Staatlichen". Es waren nur wenige Schüsse gefallen, und der größere Teil der Rotte war ins „Feindliche" unbeschossen entkommen. Einige Überläufer waren zur Strecke gebracht, und die meisten Schützen hatten nach der Anweisung des Jagdherrn ihre Gewehre schon entladen. Sie sammelten sich auf einem Feldweg, der die Grenze zum Staatlichen bildete.

Nur der dicke Viehhändler fehlte noch. Er war zum ersten Mal am Tage zum Schuß gekommen und hatte begeistert seinem Nachbarschützen gemeldet: „Die liegt im Feuer." Dann hatte er sich auf die Suche nach seiner erlegten Sau gemacht.

Als der Oberförster das hörte, befahl er: „Drei Jäger mit Hunden mir sofort folgen!" Janusch mit seinem Luchs gehörte dazu, und sie gingen zurück an den Stand des Dicken. Das Blasen und Brechen im Dickicht ließ sie das Schlimmste befürchten. Sie rannten so schnell, wie sie im Gestrüpp vorwärtskamen. Dann sträubten sich jedem die Haare vor dem entsetzlichen Anblick, der sich bot.

Die Sau war nicht verendet, sondern hatte nur im Wundbett gelegen, als sich der Unglücksschütze ihr näherte. Sie war dann hochgeworden, hatte den Jäger angenommen und über den Haufen gerannt. Der lag der Länge nach auf dem Boden, und die Sau, wütend und blasend, über ihm. Mit dem quer gehaltenen Gewehr versuchte er, die Angriffe abzuwehren. Doch seine Kraft schien schon nachzulassen.

„Die Hunde los!" schrie der Oberförster. Doch es war nur noch einer da, und das war der Luchs vom Janusch. Die anderen beiden Jäger hatten das Kommando zum Schnallen nicht abwarten können. Und nun waren ihre Hunde schon beim Betreten der Dikkung einer Schwarzwildfährte gefolgt, die weiter in den Forst führte. Man hörte ihren Hetzlaut in der Ferne.

Luchs flitzte wie von der Sehne geschnellt auf die Sau, verbiß sich im Teller, und die aufs äußerste gereizte Bache ließ jetzt von dem unter ihr liegenden Jäger ab, um sich gegen den giftig bellenden Hund zu wehren. Der dicke Viehhändler bekam etwas Luft und versuchte aufzustehen. Doch der Oberförster rief: „Liegen bleiben, bis die Sau erlegt ist!"

„Aber lassen Sie den Hund leben, bitte!" rief Janusch dem Forstmann zu, der seine Büchse auf die beiden Tiere in ihrem

Blick auf den Löwentinsee in Masuren, den landschaftlichen Hintergrund manchen Jagdgeschehens.

Für den Jäger ist es oft nicht einfach, sich auf Schrotschußdistanz den sichernden Wildgänsen zu nähern. Wenn keine Deckung vorhanden ist, haben die klugen Vögel ihn schon vorher eräugt.

Der „Spion", den man unbeschossen lassen soll, bis der ganze Schof heranklingelt.

Kampfgetümmel gerichtet hatte. Es ging hin und her. Einmal hatte die Sau mit offenem Gebrech den Hund abgeschüttelt. Doch der ließ nicht locker, biß immer wieder zu, einmal in den Teller, dann in die Flanke, je nachdem, wie es sich bot, und der Oberförster konnte nicht zum Schuß kommen, ohne den Hund zu gefährden.

Alle beobachteten gespannt die Szene. Auch der Dicke, den sie schon fast aufgegeben hatten, schien Interesse an dem Vorgang zu zeigen. Also konnte es nicht ganz so schlimm mit ihm bestellt sein. Endlich, nach langer Geduldsprobe hatte die Sau den Hund abgeschüttelt. Er hatte sich sofort wieder in der Hinterkeule verbissen, und das Stück war vorn frei und ungedeckt. Mit Kopfschuß rollte die Bache zur Seite, und die Jäger konnten an den Verletzten heran.

Wie ein Wunder erwies es sich, daß er bis auf die fast völlig zerfetzte Kleidung mit einigen Schrammen im Gesicht und an den Händen davongekommen war. Der Viehhändler ließ mit wankenden Knien und mit bedeppertem Gesicht die Untersuchung durch den Oberförster über sich ergehen. Der erklärte trocken: „Daß Sie überhaupt noch leben, haben Sie nur dem Hund zu verdanken. Ohne ihn hätten wir Sie nicht retten können."

Als abends die Strecke auf dem Hof gelegt wurde, zünftig im Schein der lodernden Fackeln, trat der Dicke an Janusch heran: „Ich will nach Hause, das werden Sie verstehen. Doch hier für Ihren Hund als Dank." Damit drückte er ihm wortlos nach einer langen Verlegenheitspause eine dicke Rauchwurst in die Hand und stieg in sein Auto.

5

Ein Hundeschicksal — Wilderei und ihre unerwartete Aufklärung

„In meinem Revier wird gewildert." Mit dieser Alarmmeldung wurde an einem Oktobermorgen Janusch von seinem neuen Nachbarn Fritz Kubulka überrascht. Das war der Nachfolger vom Paprottka, dem Brauereionkel, der glaubte, sich mit Hilfe seiner dicken Brieftasche über die uralten und damals noch ungeschriebenen Gesetze der Waidgerechtigkeit hinwegsetzen zu können. Als das nicht ging und die Jägerschaft ihm dies ziemlich deutlich zu verstehen gab, ließ er sich nicht mehr sehen. Die Jagd wurde neu verpachtet.

Der neue Pächter war ein Ziegeleibesitzer von der anderen Seite des Löwentin, auch ein Mann mit Geld, aber sehr bescheiden in seinem Auftreten. Und vor allem hatte er die richtige Einstellung zum Waidwerk, wenn ihm die Erfahrung auch noch etwas fehlte. Oft kam er zu Janusch, ihn um Rat zu fragen. Die beiden Jägerfrauen hatten sich bald angefreundet und leisteten sich Gesellschaft, wenn die Männer im Revier waren.

Denn Janusch, dieser vierschrötige, der Damenwelt gegenüber immer etwas verlegen wirkende Bauernjäger, hatte es zum hellen Entsetzen der ganzen Verwandtschaft fertig gebracht, die Lehrerstochter als Frau auf seinen Hof heimzuführen. Trotz aller Unkenrufe der Tanten ging es gut. In kurzer Zeit war aus dem verwöhnten Stadtkind eine perfekte Bauersfrau geworden, und ihr moderner Hühnerstall war bald ein Begriff im ganzen Hausfrauenverein.

Als der Kubulka mit der Hiobsnachricht kam, wollte Janusch ihm nicht glauben. Denn so etwas hatte es seit Menschengedenken nicht gegeben. In dem Revier, in dem schon Januschs Großvater seine Küchenhasen schoß, das sein Vater wie einen Augapfel hegte und pflegte und das bis vor kurzem er selbst noch wie seine Westentasche kannte, war Wildfrevel einfach undenkbar! Für die Leute im Dorf und in der weiteren Umgebung konnte er die Hand ins Feuer legen.

Doch Kubulka blieb dabei. Die vielen zerstörten Rebhuhngelege im Frühjahr wolle er gar nicht erwähnen. Das könne auch Raubzeug sein. Aber er habe auch mehrmals die Reste von Junghasen in der Sasse gefunden. Auch das müsse man wohl in Kauf nehmen. Aber jetzt sei der Bart ab!

Janusch mußte mit an den Tatort des Geschehens am Rande einer Dickung. Dort lagen die Laufknochen und die Schädelreste eines Rehes. Einige Schritte weiter fanden sie einen Fetzen der Decke. Kubulka erinnerte sich. Damals im Mai, als er vor einem gerissenen Kitz im Klee stand, das war genau das gleiche Bild.

Nach sorgfältiger Untersuchung des Schädelknochens meinte Janusch: „Das war eine ausgewachsene Ricke. Wahrscheinlich war sie krank. Vielleicht vom Fuchs gerissen. Oder hier wildert ein Hund. Wir müssen jedenfalls beide scharf aufpassen."

Als sie auf dem Heimweg waren, blieb Janusch plötzlich stehen, faßte seinen Kumpel am Arm und fragte: „Du, Fritz, wo ist eigentlich dem Paprottka sein Hund geblieben, dieser Pointer mit der langen Rute? Den hat er doch, als er abrückte, bei seinem Schwager gelassen."

„Ein paarmal habe ich noch den Bogdanski mit dem komischen Köter gesehen und fragte mich: was will der mit einem Jagdhund? Aber das ist schon lange her", gab Kubulka zur Antwort. „Ich will doch gleich mal fragen, ob er ihn noch hat."

Schon nach paar Tagen kam der Bescheid, daß seit Wochen niemand den Hund mehr gesehen hatte. Bogdanski mußte zugeben, daß er ihm nicht richtig parieren wollte. „Da hab ich ihm eben einmal eine anständige Wucht verpaßt. Seitdem ist die Töle verschwunden."

Janusch dachte sich sein Teil. Einmal auf der Morgenpürsch

durch sein Eigenrevier huschte vor ihm ein grauer Schemen über den Feldweg. Als er sich die Spur im Sand genau ansah, war es die Handschrift eines starken Hundes. Doch dann passierte seinem jungen Mann, dem Erwin, das unverzeihliche Malheur mit seinem eigenen Jagdhund, dem Luchs. Und Janusch hatte den Vorfall zunächst vergessen.

Sein Luchs war ja eigentlich eine undefinierbare Promenadenmischung. Vom deutschen Drahthaar steckte jedenfalls etwas in seiner Ahnenreihe, und das schlug durch. Janusch, der alte Hundekenner, hatte das gleich gemerkt. Sonst hätte er das verdreckte zitternde Wesen, das er eines Morgens vor der Pferdestalltür fand, nicht behalten. Wegen der kupierten Behänge, die eigentlich überhaupt nicht zu einem Jagdhund paßten, nannten sie ihn Luchs. Und dabei blieb es.

Ja, was sich der Erwin da mit dem Hund geleistet hatte, darüber kam Janusch nicht hinweg, und es hätte nicht viel gefehlt, dann hätte er den hoffnungsvollen jungen Mann wieder nach Hause zu seinem Vater geschickt.

In der Feldscheune wurden Pferdebohnen gedroschen. Zum Antrieb des Dreschkastens wurde, wie es außerhalb des Hofes damals allgemein üblich war, eine Lokomobile benutzt. Erwin hatte den Auftrag, während der Mittagspause die Lokomobile unter Dampf zu halten, damit der Betrieb sofort nach dem Eintreffen der Leute unverzüglich wieder angehen konnte, denn die Tage im November wurden immer kürzer.

Weiß der Teufel, wie es passiert war. Jedenfalls stand der sonst immer schon qualmende Knatterkasten diesmal still und gab keinen Ton von sich, als die ersten Mannsleute kamen, und Erwin wurde nervös, denn er kriegte das Feuer nicht wieder in Gang.

Schimpfend griff er nach der Petroleumkanne des Heizers und goß sie auf die schwelenden Kohlen, ohne zu beachten, daß Luchs mit seinem Stichelbart dicht neben ihm stand. Im Nu schoß eine gelbe Stichflamme aus dem Feuerloch, versengte dem unvorsichtigen jungen Mann die Haare auf der Hand und traf vor allem mit voller Wucht den Hund.

Der jaulte auf und rannte mit lichterloh brennendem Bart in ein nahes Wasserloch. Dann jagte er heulend und jaulend wie von

Furien gehetzt querfeldein und wurde immer kleiner am Horizont. Alle Rufe und Pfiffe von Erwin konnten das entsetzte Tier nicht halten. Das letzte, das man von ihm hörte, waren seine Jammerlaute weit hinten im Bruch. Seitdem war Luchs verschollen.

Das Donnerwetter, das über den Übeltäter hereinbrach, wurde von Frau Margot etwas abgeschwächt. „Denk mal, Paul, auf die Dauer war das doch kein Jagdhund für dich. Du hast selbst erzählt, wie du manchmal auf der Treibjagd seinetwegen verulkt wurdest."

„Ja, aber wenn irgendwo ein Stück Rehwild angeschossen war und sie Angst hatten, daß es verludert, dann holten sie mich mit dem Luchs. Solch einen Hund für die Nachsuche gab es weit und breit nicht und wird es so leicht auch nicht mehr geben." Janusch zählte noch alle weiteren Eigenschaften seines vierbeinigen Jagdgefährten auf, und jedesmal, wenn die Sprache auf den Hund kam, war Gewitterstimmung.

Der Winter war bald vergangen, und alle Nachforschungen nach Luchs blieben ergebnislos. Aber in der Staatsforst, die ein paar Meilen entfernt lag, klagte der Förster über gerissenes Rehwild. Nach seiner Schilderung kamen jedoch mindestens zwei Hunde als Wilderer in Frage, ein „Treiber" und ein „Packer". Ähnliches wußten auch die Jäger in anderen, weiter entfernt liegenden Revieren zu berichten. Doch gesehen hatte die Übeltäter niemand.

Das Eigenartige dabei war immer, daß die wildernden Hunde immer nur Nachts das Wild rissen. Und wenn man irgendwo des Morgens im Schnee ihre Spuren fand und auch die Reste ihrer Beute, dann waren sie schon einige Meilen weiter. Bald war die ganze Jägerschaft alarmiert, und an den Stammtischen zerbrach man sich den Kopf über die geheimnisvollen Vorgänge in Wald und Feld.

Wenn Janusch davon hörte, wunderte er sich nur, daß in seinem eigenen Revier und auch beim Nachbarn nichts von diesem Treiben zu spüren war. Kubulka meinte: „So ruhig wie in den letzten Monaten war es selten bei mir."

In den letzten Märztagen hatte noch einmal starker Schneefall eingesetzt. Darauf gab es strengen Frost, und das Wild litt bittere

Not. Janusch war bald täglich unterwegs, um mit zwei eigens für diesen Zweck zusammengebastelten Schlittenkufen die verharschte Schneedecke aufzureißen und so etwas Äsung frei zu machen.

Eines Morgens, nachdem in der Nacht erneut Pulverschnee gefallen war, glaubte er, seinen Augen nicht zu trauen. Lag da mitten auf dem Holzfuhrweg ein Reh, eine Ricke mit eingefallenen Flanken und mit aufgerissener Bauchdecke. Das Stück war fast noch warm und unversehrt. Nur die Drossel zeigte starke Bißspuren.

Anscheinend wurden die Räuber, bevor sie sich den Wanst vollschlagen konnten, gestört und waren vielleicht noch ganz in der Nähe. Denn daß zwei wildernde Hunde hier ihr Unwesen trieben, war ihm sofort klar. Die Spuren im Neuschnee waren eindeutig zwei ganz verschiedene Tritte. Die einen ließen auf die Pfoten eines schweren Köters schließen. Die anderen konnten von einer leichteren Rasse stammen. Aber besonders hatten es ihm die dicken Branten angetan. Diese Spur kam ihm merkwürdig bekannt vor.

Doch dann trat Tauwetter ein, und es gab in Wald und Flur keine verräterischen Hundespuren mehr zu sehen. Nur einmal wußte der Tierarzt Dr. G. von einem mysteriösen Vorfall in seinem Revier zu berichten. Auf der Pürsch hätte er beinah die beiden Räuber auf frischer Tat gefaßt, doch leider nur beinah . . .

Aber das war einige Meilen Luftlinie entfernt, sagte sich Janusch und konnte sich keinen Zusammenhang mit dem Vorfall in seinem eigenen Revier erklären. Und dann nahm ihn die Frühjahrsbestellung voll in Anspruch, so daß für die Jägerei keine Zeit blieb.

Bald jedoch grünten die Saaten, und die schöne Maienzeit war da. Janusch hatte sich am Rande des Bruchs eine Leiter in die Baumkrone einer alten Erle gebaut. Er hielt von Hochsitzen nicht viel. Man mußte doch dem Wild eine Chance lassen, sagte er bisher immer. Aber jetzt galt sein Ansitz einem uralten „Geheimrat“, der ihn schon jahrelang genarrt hatte. An den war beim besten Willen nicht anders heranzukommen.

Der griesegraue Bock mußte fallen, bevor die Brunft losging, das hatte er sich geschworen, denn die ständige Unruhe im Rehwildbestand ging auf das Konto dieses Eigenbrötlers, der sogar Ricken und Schmalrehe forkelte.

So war er eines Morgens vor Tau und Tag aus dem ehelichen Schlafzimmer davongeschlichen, nur mit einem Kanten Brot und einem Stück Speck in der Joppentasche. Noch in völliger Dunkelheit hatte er sich auf seinen luftigen Sitz getastet, prüfte den Wind und steckte sich ein Pfeifchen an. Dann war er eingedusselt, denn die Tage im Mai sind für den Bauern hart, dazu noch für einen jung verheirateten ...

Er glaubte zu träumen, denn ein Reh klagte. Dann war er aber hellwach, denn das Reh klagte noch immer. War das etwa wieder der alte Mörderbock, fragte er sich und leuchtete mit dem Glas das Gelände ringsum ab. Dann setzte er das Glas wieder ab und rieb sich die Augen. Im Nebel erkannte er ein wild um sich schlegelndes Reh. An der Drossel saß ein Hund, weiß mit dunklen Flecken und mit langer Rute, der riß an dem sich wehrenden Stück. Janusch konnte das Klagen nicht mehr länger anhören und hatte die Büchse aufgelegt. Da kam ein zweiter Köter angehechelt, um seinen Komplicen bei dem Abwürgen zu helfen. Und dieser zweite verdammte Köter, es war nicht zu glauben, er schraubte nervös an seinem Glas herum, aber es war so, dieser zweite wildernde Hund, der dem ersten das Wild zugetrieben hatte, das war sein Luchs!

Ohne auch nur einen Moment zu zögern, hatte er die Büchse auf ihn gerichtet und drückte ab. Der sackte über der Beute zusammen. Janusch repetierte sofort, als der Schuß kaum heraus war, und konnte den „Packer“, den Hund, der dem Reh an die Drossel gesprungen war, noch gerade dicht vor der Schonung mit dem Schuß fassen, so daß er sich überschlug und liegenblieb.

Es war schon taghell, und die Sonne durchbrach das Blätterdach über seinem Sitz. Janusch aber war immer noch nicht aufgestanden. Er wagte nicht herunterzugehen und die Schande aus der Nähe zu betrachten. Dann überlegte er sich, daß es das Beste war, alles unverändert liegenzulassen. Er wollte den Vorfall melden und warten, bis eine unparteiliche Kommission den Sachverhalt aufgenommen hatte.

Bevor er nach Hause ging, überzeugte er sich. Der Hund am Rande der Schonung war tatsächlich der Pointer vom Paprottka. Die Hündin machte zwar einen völlig verwahrlosten Eindruck. Aber gehungert hatte sie nicht, das sah man.

Eine Minute stand er noch mit gezogenem Jagdhut vor seinem Luchs, der ein so unrühmliches Ende nehmen mußte.

„Jedenfalls hast du einen schnellen Tod gehabt, du oller Schwerenöter. Ich kann es mir nicht anders denken, als daß dich die Hündin, die schon immer wilderte, verführt hat. Vielleicht war sie gerade heiß, als sich eure Spuren kreuzten . . ."

So oder ähnlich waren seine Gedanken, als er von seinem früheren vierbeinigen Jagdgefährten endgültig Abschied nahm.

6

Jäger im Zeugenstand – Wie Janusch der Polizei fertige Arbeit lieferte

„Nu, sagen Sie bloß, Herr Zeuge, Sie haben einen Bauernhof in der Lötzener Gegend. Dort haben Sie auch, wie aus den Akten hervorgeht, Gelegenheit, das Waidwerk auszuüben. Wie kommt es nun, daß sie plötzlich in der Johannisburger Heide auftauchen und uns geholfen haben, diese reichlich mysteriöse Angelegenheit aufzuklären, worauf wir noch später zu sprechen kommen?"

Janusch stand vor den Schranken des Amtsgerichtes, nicht als Angeklagter, sondern als Zeuge und, wie ihn die Zeitungen später nannten, als der „ungekrönte Held des Tages". Und der joviale Amtsgerichtsrat, der sich übrigens durch eine auffallend genaue Kenntnis der waidmännischen Gepflogenheiten auszeichnete, gab sich alle Mühe, ihn die Peinlichkeit der Situation vergessen zu lassen.

„Um Ihnen, Herr Vorsitzender, das genau zu erklären, muß ich etwas weiter ausholen, und ich weiß nicht, ob Ihnen das recht ist."

„Doch, doch, Herr Zeuge, das ist zur Beurteilung der Sachlage nötig."

„Mein Reviernachbar zu Hause, der Fritz Kubulka, wollte in die Pacht des Reviers von Bartnick einsteigen, weil sein Onkel sich gesundheitlich nicht mehr den Anstrengungen gewachsen fühlte. Die Pacht sollte auf den Namen des Onkels weiterlaufen. Und ich, Herr Vorsitzender, war von Anfang an Feuer und Flamme für diese Regelung, dann sollte ich doch zu Hause das Revier vom

Kubulka, das bis zur Verpachtung vor zwei Jahren immer zu unserer Familie gehört hatte, wiederbekommen."

Nach dieser ungewohnt langen Rede machte Janusch erst mal eine Pause, und der Amtsgerichtsrat, der sich eifrig seine Notizen machte, nickte verständnisinnig. „Fahren Sie nur fort, Herr Zeuge."

„Ich steh mich mit dem Kubulka sehr gut, und wir waren beide erst mal nach Bartnick gefahren, um das Revier zu begutachten. Es gefiel uns auch alles sehr, ein Drittel Kartoffelfelder, Roggen und was noch auf dem Piasseck wächst, der Rest Heide und Wald, gerade das Richtige für den Jäger. Guter Rehwildbestand, viel Schwarzwild, auch etwas Rotwild wechselt aus dem Staatlichen herüber. Doch einen Haken hatte die Sache. Das hatte der Onkel gleich gesagt, und das hatte ihm das Revier eigentlich verleidet. Seit Jahren, seit der Onkel nicht mehr ständig im Revier sein konnte, wurde gewildert. Darüber sprach man ungeniert in der ganzen Umgebung."

Unwillkürlich gingen Januschs Blicke nach der Anklagebank hinüber, wo zwei Gestalten sich breitmachten, die gar nicht zueinander passen wollten. Der eine war Paul Worgitzki und hatte als Beruf Tagelöhner angegeben. Doch wo er eigentlich arbeitete, wußte niemand. Er zog den rechten Fuß etwas nach, aber das braungebrannte Gesicht war das eines richtigen Wildschützen mit Hakennase und unruhigem Blick in den schwarzen Augen. Ab und zu strich er sich seinen Vollbart zurecht.

Der andere war genau das Gegenteil seines Banknachbarn. Ein gut gekleideter, ehrenwerter Bürger, glatt rasiert und ewig lächelnd, als ginge ihn das Ganze nichts an, der Gastwirt Borkowski, vor dessen „Etablissement" sich bei schönem Wetter am Sonnabend und Sonntag die Wagen drängten.

„Moment, Herr Zeuge", schaltete sich der Staatsanwalt ein, ein schneidiger junger Herr, dem man den Reserveoffizier anmerkte, „bitte ganz präzise! Wer hat Ihnen gegenüber zum ersten Male davon gesprochen und wann?"

Janusch wurde unsicher und mußte genau überlegen. „Ja, auf den Tag kann ich das heute nicht mehr sagen. Ich glaube, das war sogar in der Eisenbahn."

Da griff der Amtsgerichtsrat ein und meinte begütigend: „Herr

Staatsanwalt, ich glaube, wir lassen den Zeugen erst mal ungehindert seine Aussage machen. Für Einzelfragen ist später Gelegenheit. Fahren Sie bitte fort!"

„Der Fritz Kubulka war sofort bereit, das Revier von seinem Onkel zu übernehmen und sein bisheriges an mich wieder abzutreten. Nur sollte ich ihm helfen, in Bartnick nach dem Rechten zu sehen." So nahm Janusch den Faden wieder auf.

„Zuerst waren wir ein paarmal zusammen im neuen Revier, mein Jagdfreund und ich, und wir hatten lange nichts Verdächtiges bemerkt. Nur die Unruhe unter dem Rehwild, das doch sonst in dieser Ecke, wohin kaum ein Mensch sich verirrt, sehr vertraut ist, fiel uns sofort auf. Fritz schoß dann auch einen geringen Bock und verkaufte das Wildbret an den Gastwirt. Der sagte schon damals, seine Gäste würden gern Wild essen, und er beziehe oft ganze Rehe von einem Wildhändler aus Johannisburg."

„Ich bitte doch, diesen Punkt nicht weiter zu erörtern", griff wieder der Staatsanwalt ein, und der Amtsgerichtsrat gab ihm recht. An Janusch gewandt, sagte er:

„Kommen wir wieder zur Sache, Herr Zeuge, und erklären Sie uns, wann Sie zum ersten Male einen konkreten Verdacht hatten, daß gewildert wurde."

„Das war genau am Sonntag vor Weihnachten, Herr Vorsitzender, als wir bei Neuschnee vor einer kleinen Kiefernschonung die Fährten von Schwarzwild fanden. Ich ging der Fährte etwas nach und stieß unter den Kusseln auf einen merkwürdigen Schneehaufen, der von Menschenhand zusammengeschoben war. Darunter lag der Aufbruch, die Decke und das Haupt einer Ricke."

„Das konnte doch alles schon länger da gelegen haben, vielleicht war das Tier schon im Sommer verendet", konterte plötzlich der Rechtsanwalt aus Lyck, der glaubte, nun endlich für seinen Mandanten etwas herausholen zu können.

„Ich bitte doch, ohne meine Genehmigung die Zeugenaussage nicht zu unterbrechen, Herr Anwalt!" Zum ersten Male verlor der Amtsgerichtsrat seine Ruhe und funkelte den Herrn aus Lyck böse durch seine Brillengläser an.

Als der sich verlegen wieder gesetzt hatte, kam die Frage des Richters: „Herr Zeuge, was haben Sie darauf zu antworten?"

„Herr Amtsrichter, ich bin über drei Jahrzehnte Jäger und werde wohl ein verludertes Stück und die Decke von einem frisch geschossenen Reh unterscheiden können. Die Ricke war am Tage vorher geschossen."

„Gut! Das müssen wir Ihnen wohl glauben. Aber das war nicht das einzige gewilderte Stück, das Sie fanden, Herr Zeuge. Fahren Sie fort!"

„Ja, gleich nach Neujahr, als der Schnee etwas verharscht war, pürschte ich allein an der Grenze entlang und fand an einer Kartoffelmiete eine Schleifspur, die in die Dickung führte. Hier lag wieder in einem Schneehaufen die Decke eines ziemlich starken Keilers, und hier wurde es mir auch klar, Herr Vorsitzender, daß es dem oder den Wilderern nur auf das Wildbret, auf das Fleisch ankam, denn das Gebrech des Kujels mit den Waffen, eine wunderbare Trophäe, das alles fand ich ein paar Schritte weiter, flüchtig verscharrt."

Der Amtsgerichtsrat winkte jetzt ab. „Auf die Schilderung aller weiteren Funde wollen wir verzichten, Herr Zeuge. Das ist alles aktenkundig. Wie und wann stießen Sie eigentlich auf den vermutlichen Täter?"

„Dazu muß ich wieder etwas weiter ausholen, wenn Sie erlauben, Herr Vorsitzender! Immer wenn ich mit Fritz Kubulka draußen war, haben wir bei dem Gastwirt Borkowski übernachtet, und das gefiel mir nicht. Denn es war mir schon längst klar, daß hier im Dorf mehrere Dunkelmänner unter einer Decke steckten. Wenn wir beide im Gasthaus auftauchten, wußte das halbe Dorf: Aha, dicke Luft im Revier, und die Wilderer blieben zu Hause.

Deshalb hatte ich mit meinem Freund ausgemacht, daß wir anderswo unser Quartier aufschlagen wollten, von wo wir ungesehen in das Revier gelangen konnten."

Da stand wieder der forsche Herr aus Lyck auf, der wohl glaubte, hier wieder eine Bresche zu finden, und bat diesmal ganz bescheiden um die Erlaubnis, eine Frage an den Zeugen stellen zu dürfen.

„Wo war das, Herr Zeuge? War das eine Gastwirtschaft oder ein privater Haushalt? Und in welcher Ortschaft?"

Auf diese Frage war Janusch nicht vorbereitet. Er war aus dem

Konzept geraten und sah etwas hilflos nach dem Amtsgerichtsrat, der ihn freundlich und verständnisvoll anschmunzelte.

Doch dann hatte er sich wieder gefaßt und erklärte: „Herr Vorsitzender, wenn's erlaubt ist, darüber verweigere ich die Aussage, damit den Leuten nicht eines Nachts die Fenster eingeschlagen werden."

Tumult unter den Zuhörern und höhnisches Grinsen in den bisher so unbeteiligt wirkenden Gesichtern auf der Anklagebank. Der Anwalt bekam einen roten Kopf. Also lag Janusch goldrichtig. Auch einer der beiden Schöffen nickte beifällig.

„Das Recht zur Aussageverweigerung steht Ihnen natürlich zu, aber ganz so schwarz würde ich doch nicht sehen, Herr Zeuge. Aber bitte weiter!"

Janusch kam jetzt in Fahrt. „Von unserem neuen Quartier aus ging ich einmal noch vor Morgengrauen allein ins Revier und stieg auf den Hochsitz im Birkenluch. Es war Blattzeit, und die Böcke trieben am hellen Tage ohne die sonst gewohnte Vorsicht. Ich wollte keinen Bock schießen. Aber ich sagte mir, an einem solchen Tage müssen die Kerle eigentlich auch unterwegs sein.

Von dem Hochsitz aus hat man eine sehr gute Sicht nach beiden Seiten über die niedrige Schonung und über den Jungwuchs im Luch. In der Schonung machte sich plötzlich eine Gestalt zu schaffen. Das konnte ich gerade mit meinem Nachtglas erkennen, das mir Fritz geborgt hatte. Ich sah die Gestalt ohne Gewehr in die Schonung hineingehen und traute meinen Augen nicht, als derselbe Kerl, der etwas hinkte, mit einem Gewehr herauskam. Ich versuchte, ihm mit dem Glas zu folgen. Aber er war bald im Kiefernwäldchen verschwunden, und ich konnte ihm nicht folgen, ohne aufzufallen. Ich merkte mir genau die Stelle in der Schonung, an der er herauskam, und blieb sitzen.

Es dauerte nicht lange, da fiel am Haferschlag ein Flintenschuß. Es war genau die Seite, an der morgens und abends fünf bis sechs Ricken mit ihren Kitzen austraten. Ich überlegte kurz: Soll ich allein ohne meinen Hund, den ich damals zu Hause ließ, heranpürschen, um den Wilderer auf frischer Tat zu ertappen, oder soll ich lieber abwarten, denn ich mußte ja mit mehreren Kerlen rechnen?"

Janusch machte eine Pause, um einen Schluck Wasser zu trinken, denn so langes Reden war er nicht gewohnt. Da rief einer der Zuhörer: „Hattest wohl die Hosen voll."

„Ruhe!" donnerte der Amtsgerichtsrat. „Beim nächsten Zwischenruf lasse ich den Saal räumen."

Doch unseren Janusch ließ das alles kalt. Er wußte ja, daß sie klein beigeben würden. „Was nun kam, gab mir recht. Es dauerte über eine halbe Stunde, dann kam der hinkende Mann mit dem Gewehr zurück, ging wieder in die Schonung und kam ohne Flinte heraus. Nun folgte ich ihm mit entsprechendem Abstand unauffällig und sah, daß er aus dem Kiefernwäldchen einen Sack holte, den er aufs Fahrrad wuchtete. Er schob mit seiner Beute ab in Richtung auf die Kate am Dorfrand. Ich wußte, hier wohnte der Worgitzki, und den hatte ich schon lange in Verdacht."

„Donnerkiel! An Ihnen ist ja ein Detektiv verlorengegangen, Herr Zeuge!" Der Amtsrichter hatte mehrmals mit den Schöffen getuschelt und meinte schmunzelnd: „Unser ehrenwerter lieber Gendarm in seiner Uniform hätte das sicherlich nicht so fertigbekommen. Wann haben Sie eigentlich die Polizei verständigt?"

„So weit war es noch nicht, Herr Vorsitzender. Ich mußte ja erst herauskriegen, ob der Worgitzki allein wilderte oder ob er noch Komplizen hatte. Und allein konnte er keine ganze Ricke essen; er mußte irgendwo das Wildbret unterbringen."

„ Gut, gut, ich will Sie nicht mehr unterbrechen. Doch wie war es nun mit der Waffe?" Nach kurzem Wortwechsel mit den Schöffen nickte der Amtsrichter Janusch aufmunternd zu.

Der fuhr fort: „Am gleichen Morgen noch untersuchte ich vorsichtig die Schonung und fand unter einem alten Stubben in einer gut getarnten Grube die Flinte in einen Sack verschnürt. Selbstverständlich deckte ich alles wieder gut zu und beseitigte auch sorgfältig meine Fußspuren. Auch den Aufbruch der geschossenen Ricke fand ich im Kiefernwäldchen, und im Hafer klagte ein Kitz, das die gemeuchelte Mutter suchte.

Am nächsten Tag kam Fritz Kubulka nach. Nach meinem ausführlichen Bericht gingen wir ins Gasthaus von Borkowski zum Mittagessen. Der Gastwirt kam sofort anscharwenzelt und empfahl uns frischen Rehrücken, besonders delikat. Auf meine

Frage, wo er das Wild denn herhabe, aus dem Eiskeller oder so, kam die Antwort: ‚Heute morgen aus Johannisburg frisch geliefert!' Hinterher stellten wir fest, daß die Wildhandlung bis zu diesem Tage überhaupt noch kein Rehwild geliefert hatte."

Inzwischen war der Lycker Anwalt an die Anklagebank herangetreten und hatte mit Borkowski getuschelt. Der wischte sich nervös Schweiß von der Stirn und zuckte die Achseln. Mit hochrotem Kopf rief bei den letzten Worten Januschs der forsche Herr aus Lyck: „Herr Amtsgerichtsrat, ich protestiere gegen diese Form der Zeugenaussage. Das ist Amtsanmaßung der Polizei gegenüber."

Doch der dicke Gendarm, der gemütlich dasaß, ab und zu belustigt lächelte und froh war, einmal einen ruhigen Tag zu haben, er wehrte nur ab.

„Wir kommen auf diesen Punkt noch zurück, Herr Zeuge. Bitte schildern Sie nur den nackten Sachverhalt!" Der Amtsrichter mußte wohl die Prozeßordnung wahren, wenn er auch den Anwalt nicht gerade freundlich anblickte.

Auf einen Wink fuhr Janusch fort: „Wir blieben dann einige Wochen dem Revier fern. Ich hatte mit der Ernte zu Hause zu tun, und Kubulka hatte auch keine Zeit. Die Wilddiebe sollten auch keinen Verdacht schöpfen. Ende September war ich dann öfter hier und fand das Schlupfloch in der Schonung mit der Wildererflinte leer. Entweder hatten sie doch etwas gemerkt oder sie wechselten das Versteck. Ich rechnete immer noch damit, daß der Worgitzki einen Komplizen hatte.

An einem Herbstmorgen im Nebel hatte ich mich in das Gebüsch vor dem einzigen großen Luzerneschlag gesetzt, an den links ein Kartoffelfeld und rechts der Staatswald angrenzt, denn ich wußte, hier standen Rehwild und Sauen jede Menge. Diesmal hatte ich meinen neuen Hund mit, einen mannscharfen Rauhhaarrüden. Als sich der Nebel lichtete, stand überall Wild. Auf der Luzerne sah ich einige Ricken mit ihren Kitzen, auch einige Böcke, und in den Kartoffeln brach eine starke Rotte Sauen.

Gerade hatte ich die Sauen im Fernglas und versuchte, einen stärkeren Keiler genau anzusprechen, als aus der Staatsforst ein Flintenschuß fiel. Ein Reh in der Luzerne schlegelte, und die Sauen spritzten auseinander. Einige Überläufer nahmen sogar Richtung auf die Reviergrenze zum Hochwald hin, und wieder fiel ein Schuß, diesmal offensichtlich mit Brennecke auf eine der Sauen. Das Stück war wohl nur angekratzt und schleppte sich noch einige Gänge weiter.

Da kam doch der Hinkefuß aus dem Dickicht, wo er gesessen hatte, und gab der Sau den Fangschuß! Über diese Frechheit ging mir der Hut hoch, und ich entschloß mich einzugreifen. Aber ich war mir immer noch nicht im klaren, ob nicht noch ein zweiter Mann im Spiel war. Nach einer ganzen Weile kam er wieder aus seinem Versteck heraus, ging auf den Luzerneschlag, um das Reh aufzubrechen.

Das war mein Glück, denn auf dieser Seite konnte ich mich in guter Deckung Schritt für Schritt heranarbeiten. Er war ganz in seine Arbeit vertieft, und ich erkannte ihn. Es war der Worgitzki, und ich beobachtete ihn lange, denn wenn ein zweiter Wilddieb unterwegs war, mußte er ja bald in Erscheinung treten, um das Schwarzwild aufzubrechen.

Als alles still blieb, pürschte ich mit dem Hund an der Leine langsam näher. Dann ließ ich den Hund von der Halsung, und als er mit gesträubtem Nackenhaar im Rücken des Wilddiebes stand, brüllte ich: „Hände hoch!" Dabei hatte ich die entsicherte Büchse auf den Kerl gerichtet. Der fuhr mit seinem schweißigen Messer herum, sah den Hund hinter sich stehen, der sich knurrend zum Sprung duckte, und gab auf, denn an seine Flinte konnte er nicht heran.

„Sie sehen, jeder Widerstand ist zwecklos", sagte ich und forderte ihn auf, seine Arbeit zu beenden. Dann mußte er noch das erlegte Schwarzwild versorgen und ablieferungsfertig machen, während ich mit dem Gewehr dabeistand.

Seine Wildererflinte hatte ich schon längst auf dem Rücken. Und dann erst, Herr Vorsitzender, bin ich mit dem Schlawiner und seiner Tatwaffe zum Gendarmen marschiert und habe ihn abgeliefert. Bei seiner Vernehmung sagte er, daß er immer allein ging und daß er seit Jahren das erlegte oder vielmehr gestohlene und gemeuchelte Wild an den Gastwirt Borkowski lieferte. „Was hast eigentlich immer dafür bekommen?"

Kurze Verschnaufpause vor dem nächsten Treiben. Meist macht ein deftiger Jägerwitz die Runde.

Nicht immer ist die Strecke so gut, daß jeder Teilnehmer an einer Treibjagd einen Hasen mitnehmen darf.

Ein Zukunftsbock wie dieser war für mich tabu. Ich mußte weiter suchen, bis ich ihn fand, den ungeraden Sechser mit der Dolchstange.

Als wir ihn danach fragten, schimpfte er auf seinen Komplizen, der immer etwas zu mäkeln hätte, während er Kopf und Kragen riskierte. Zehn Mark seien das Höchste gewesen für einen schweren Kujel.

„Halt, halt, Herr Zeuge, das geht wieder über Ihre Kompetenzen!" rief gut gelaunt der Amtsrichter. „Die weitere Beurteilung überlassen Sie bitte dem Gericht. Aber ich habe selten eine Zeugenaussage mit solcher Spannung verfolgt wie die Ihre, und ich muß sagen, Sie haben uns allen, der Polizei und dem Gericht, sehr geholfen."

„Dann bin ich am Ende, Herr Vorsitzender, und wenn ich nicht mehr gebraucht werde, möchte ich jetzt nach Hause, denn auf dem Hof wartet die Arbeit. Mich würde nur noch interessieren, wieviel Stück Wild auf diese Weise eigentlich im Lauf der Jahre um die Ecke gebracht wurden?"

Nach dem Hinweis, daß diese Frage erst nach Schluß der Verhandlung zu beantworten sei, und nach seiner Vereidigung wurde Janusch als Zeuge entlassen.

Als wir einige Tage später im Kreisblatt den Gerichtsbericht lasen, aus dem hervorging, daß Hehler und Stehler nach einem wahrhaft salomonischen Urteil die gleiche Gefängnisstrafe aufgebrummt bekamen, fanden wir darin nur den lakonischen Vermerk, daß die saubere Kumpanei über die Zahl der gewilderten Stücke nicht Buch geführt hatte.

7

Mein erster Bock — Bei Blitz und Donner in der „Walachei"

„Hier im Bruch stehen meine besten Böcke", sagte einst an einem herrlichen Junimorgen zu mir der „Baron", Besitzer eines kleinen Gutes in der Lötzener Gegend, nur wegen seines ähnlich klingenden Familiennamens und wegen seines vielleicht etwas großzügigen Lebenswandels im Volksmund so tituliert. Mit dem Peitschenstiel zeigte er dabei vom Dogcart aus auf eine richtige kleine Wildnis niedriger Erlen- und Birkenbestände, mit hohem Bültengras begrünt. Dazwischen lagen schilfige Stellen, die kleine Wassertümpel umsäumten. Hin und wieder sahen wir auch eine Krüppelkiefer. Von irgendwelcher Nutzung war keine Spur.

„Wir nennen das hier die Walachei, und solange ich lebe, soll alles so bleiben, denn was glauben Sie, was hier Rehe stehen und was da an Enten nistet. Und dann die Wildgänse, die jeden Herbst hier einfallen."

Der sonst so wortkarge alte Herr kam richtig ins Schwärmen. Plötzlich fixierte er mich jungen Spund scharf von der Seite und meinte nach kurzem Überlegen: „Sie haben ja im Herbst mit dem umgearbeiteten Militärkarabiner ganz sauber eine Ricke geschossen. Wenn Sie wollen, strecken Sie hier einen Bock. Nur den ungeraden Achter, der nach der Serradella über die Grenze oft hinüberwechselt, der bleibt für den Tierarzt reserviert. Im übrigen werden Sie ja wissen, welche Böcke man jetzt vor der Blattzeit schießt."

Sprach's und ließ mich aussteigen, denn ich hatte noch einen anderen Weg zu machen. Als ich eine lange Dankesrede halten wollte, winkte er ärgerlich ab. „Für alle Fälle nehmen Sie sich noch meinen Treu mit. Ich habe im Augenblick doch keine Zeit für die Jagd." Treu war sein zotteliger Drahthaarrüde, mit dem ich mich schon angefreundet hatte. Das war echt ostpreußische Gastfreundschaft, fast auf die Spitze getrieben: Gewehr und Hund wurden großzügig zur Verfügung gestellt. Das gab es nicht oft in meinem Jägerleben, und das ausgerechnet bei meinem ersten Bock.

Doch bevor er auf der Decke lag, sollte es manchen Schweißtropfen kosten und manche Überraschung geben. Am gleichen Abend war ich natürlich sofort nach dem Essen mit Büchse, Rad und Hund losgezogen, um mir einen Überblick über die „Walachei" zu verschaffen, die ich noch gar nicht kannte. Eine einfache Leiter in einer Kiefer am Rande des großen Serradella-Schlages war gerade das Richtige. Treu legte ich einfach unten ab. Ein bißchen leichtsinnig war man damals eben. Aber man hörte von ihm kaum einen Laut. Höchstens, daß er einmal nach einem dicken Brummer schnappte.

Es war ein herrliches Stückchen unberührter Natur, wie sie der Herrgott geschaffen hatte, ohne daß sich der Mensch bisher daran vergriffen hätte. Das Fahrrad hatte ich am Feldweg zurücklassen müssen und war eine gute Viertelstunde querfeldein marschiert. Dieser Feldweg war wohl das letzte, was an den Menschen erinnerte. Man mußte sich am Rande eines Bruches halten. Denn im Sommer zu Fuß mitten durch die Wildnis über schwankendem Untergrund zu gehen, das wäre lebensgefährlich gewesen. Die Leute auf dem Hof hatten mich gewarnt.

Ein Vogelkonzert mit einer Vielfalt von Stimmen scholl herüber, wie ich es seitdem nicht mehr erlebt habe. Bald verhüllten Nebelschwaden den Blick, und nur die herausragenden Spitzen des Erlen- und Weidengestrüppes zeigten, wo das Bruch begann. Dieser Abend in der melancholisch stimmenden, grenzenlosen Weite der Landschaft des Ostens ist eine der schönsten Erinnerungen an die masurischen Reviere für mich geblieben.

Im Nebel tauchte Rehwild auf und riß mich aus meinen Träumen. Zuerst kam eine Ricke mit Kitz. Das Kitz war für die Jahreszeit auffallend stark entwickelt. Aber der Tierarzt, der mit seinem oft recht bissigen Sarkasmus mir auf der Treibjagd und auf der Suche ein guter Lehrmeister war, hatte schon immer davon gesprochen, daß in der „Walachei“ das stärkste Rehwild der ganzen Umgegend stand. Mitten zwischen den Rehen schnürte ein Fuchs, der gerade noch aus der Serradella hervorlugte, ohne daß die Ricken von ihm Notiz nahmen. Aber so sehr ich auch mit dem Glas die Umgebung beobachtete, kein Bock war weit und breit zu sehen.

Der Drahthaarrüde unten fing zu schnarchen an, und ich setzte den Fuß auf die Leitersprosse, um leise abzusteigen, als plötzlich wie auf Kommando alle Ricken mit ihrem Nachwuchs aufwarfen und gespannt in die gleiche Richtung äugten. Ich erstarrte wie eine Salzsäule und wagte kaum, das Glas wieder hochzunehmen. Aber ich brauchte kein Glas, um festzustellen, daß das Wild, das da wie ein Ungewitter laut und rücksichtslos herangepoltert kam, der Platzbock war. Grau das Gesicht, knuffig und wunderbar beperlt die Stangen, und ganz deutlich waren mit dem scharfen Nachtglas auf der linken Seite vier Stangenenden zu erkennen. Also der Doktorbock, der für mich tabu war. So mußte ich an einer anderen Stelle mein Glück versuchen.

Am nächsten Vormittag hatte mir der Stellmacher auf dem Gutshof, der mir als Obertreiber von der Herbstjagd noch gut bekannt war, einen netten Tip gegeben. Seinen mächtigen Backenbart zwirbelnd, meinte der Alte, ein echter Masur, der es mit der deutschen Sprache nicht so genau nahm, verschmitzt: „Auf die andre Seit vom Bruch mußt dich bemühen, junger Herr, is ja bald ’ne Meile Umweg! Aber wirst sehen, lohnt sich, mußt hören auf alten Butschkus!“

Und ich wußte, dieser alte Knabe verstand von der Jagd mehr als ich. Als ich ihm noch etwas auf den Zahn fühlte, berichtete er flüsternd von einem Bock mit einer knuffigen Sechser-Stange, aber nur mit einer einzigen. Die andere war ein blank gefegter Dolch, handhoch über die Lauscher. Der oder keiner, das war für mich klar. „Aber mußt es ganz schlau anfangen — ist sich ein ganz heimlicher.“

Ich konnte es kaum erwarten, und da meine Tätigkeit an dem zuständigen landwirtschaftlichen Versuchsring es mir erlaubte, hatte ich mir den Nachmittag freigenommen. So radelte ich denn die sieben Kilometer auf der Landstraße bis an die Gemarkungsgrenze und marschierte querfeldein zum Bruch. Das letzte Hindernis war ein großer Lupinen-Schlag, der mir fast bis an die Brust reichte.

Als ich etwas verschnaufte, peilte ich die Lage. Sie war ernst, aber nicht ganz hoffnungslos. Auf dieser Seite des Bruchs war zwar auch das gleiche Erlengestrüpp, aber dazwischen befanden sich doch größere Lücken mit Graswuchs und anderen Sträuchern, an denen das Rehwild gern knabbert. Ich mußte unbedingt die kleine Anhöhe mit der alten Esche erreichen, deren Astwerk bis auf die Erde reichte. Dort hatte ich gute Übersicht und zugleich Sichtschutz.

Frohgemut marschierte ich drauflos und stand plötzlich vor einem mannshohen Brennessel-Wald, der wie eine Plantage den kleinen Hügel von allen Seiten umgab. Aber hindurch mußte ich, denn es gab keine andere Möglichkeit. Zuerst versuchte ich, mit dem Jagdmesser einen Pfad zu bahnen. Aber das war nicht das rechte, denn unter dem Baum mußte ich mir nach allen Seiten freies Schußfeld schaffen.

Also zog ich kurz entschlossen wieder mit meiner Ausrüstung zurück zum Fahrrad, das ich an der Chaussee im Roggen versteckt hatte. Darauf trampelte ich wieder vier Kilometer zurück zum nächsten menschlichen Anwesen, einem Straßenwärterhaus, um mir für Geld und viele gute Worte eine Sense zu holen. Der Jäger von heute, der mit seinem Straßenkreuzer bis dicht an den Hochsitz fährt, um so „en passant" seinen Abschuß zu erfüllen, wird es kaum für möglich halten. Ich habe, obwohl die Sonne vom Himmel brannte und es nirgends Schatten gab, die ganze Brennessel-Plantage sauber niedergemäht, ohne lange zu überlegen. Nur weil ich diesen Bock mit dem Mörderspieß zu Gesicht bekommen wollte.

Kurz gesagt, der Gesuchte erschien zwar an dem Abend nicht mehr. Aber es war hier in der Dämmerung soviel Rehwild unterwegs, darunter auch mehrere Böcke, die, ohne zu äsen, sofort wieder in hohen Fluchten absprangen, als wäre der Satan hinter ihnen her, so daß ich mir sagte: Hier ist was los, hier muß es klappen.

Der „Baron" hatte mir für meine weiteren Exkursionen auf meinen Bericht hin einen leichten Einspännerwagen mit einem lammfrommen Fuchswallach bewilligt, und am nächsten Morgen vor dem ersten Hahnenschrei war ich wieder unterwegs. Diesmal hatte ich auch den Drahthaar mit, den ich sonst hätte zu Hause lassen müssen. Am Abend vorher hatte ich mir an meinem Platz unter der Esche einen kunstgerechten Schirm gebaut, mit Sichtschutz nach allen Seiten und gutem Ausblick.

Noch war keine Vogelstimme zu hören, aber im Osten über dem Löwentinsee begann es schon zu dämmern. Eine Viertelstunde noch kannst du ein bißchen Schlaf nachholen, dachte ich, und war im nächsten Augenblick fest eingeschlafen. Ich wachte jedenfalls erschreckt auf, als über mir in der Baumkrone ein Kuckuck rief. Diana sei gedankt, noch stand kein Rehwild draußen. So konnte ich mir in aller Gemütsruhe meine kurze Pfeife anbrennen, denn es war schon auffallend schwül, und die ersten Mücken meldeten sich. Als ich das Feuerzeug wegsteckte, sah ich seitwärts im großen Brennesselhaufen eine merkwürdige Bewegung. Ein Schnaufen und Schniefen, dann war es wieder mucksmäuschenstill, und nach einer Weile schob sich der Fang eines Dachses heraus. Bald begann er in aller Seelenruhe nach Larven zu stechen, und ich hatte etwas Unterhaltung.

Der erste Hase kam aus dem Bruch angehoppelt und nahm Richtung auf ein kleines Serradellafeld. Dort ästen gestern abend auch die Rehe, ging es mir durch den Sinn, als ich im Glas auch schon die erste starke Ricke mit zwei Kitzen ausmachte. Wie auf Verabredung erschien in einiger Entfernung ein gut entwickelter Jährlingsbock, später kamen wieder einige Stücke, aber es war kein Bock dabei. Die Pfeife war mir schon lange ausgegangen, als sämtliches Rehwild unruhig herumzutreten begann, sich plötzlich herumwarf und wie gebannt auf das Erlengestrüpp äugte.

Auch ich war wie elektrisiert. Vor Aufregung beschlugen die Gläser, und ich mußte den Feldstecher absetzen. Minuten vergingen und alles, Wild und Jäger, war wie erstarrt. Nur Treu schlummerte weiter.

Plötzlich stand er im ersten Sonnenlicht da, der Platzbock, der Herrscher in Luch und Bruch. Aber ich traute meinen Augen nicht. Was hatte er auf dem Gehörn? Rindenfetzen und langes Gras, das ihm wie ein dichter Schleier über das Gesicht hing. Wahrscheinlich hatte er sich erst einen Weg durch das Dickicht bahnen müssen, oder er hatte einen Nebenbuhler vertrieben. Verdutzt sicherte er minutenlang ohne die geringste Bewegung, ein unvergeßlicher Anblick. Vermutlich war es ihm nicht geheuer mit seinem Kopfputz.

Aber ich wurde nervös, denn unter der Tarnung — wollte es Diana so? — war trotz aller Bemühungen das Gehörn nicht einwandfrei auszumachen. Ich konnte mich drehen und wenden, wie ich wollte. Die knuffige Sechserstange links war zur Not zu erkennen, alle Achtung, bald zwei Hand hoch über die Lauscher. Aber was war rechts? Auf der Stange saß ein dickes Grasbüschel.

Schon wollte ich der Versuchung nachgeben und mit der Büchse in Anschlag gehen, als sich das Gewissen meldete. Du verdirbst dir alles, wenn es ein guter Sechser ist. Der Schweiß steht mir auf der Stirn, und ich setze wieder ab. Jetzt beginnt der Bock zu äsen, und langsam, Stück für Stück, fällt auch seine Tarnung vom Gehörn. Wie festgesaugt verfolge ich mit dem Glas den Vorgang, als der Bock langsam auf mich zuwechselt.

Nun fällt die letzte Hülle, und fast schneeweiß glänzt die Dolchspitze in der Morgensonne. Er ist's, der Mörderbock, und ich visiere über Kimme und Korn (Zielfernrohr war damals etwas für ganz alte Herren!), als plötzlich neben mir Treu sich zweimal die Behänge um den Fang klatscht, daß es knallt. Wie ein Spuk ist alles weg.

Vor Aufregung und Ärger habe ich gezittert wie im Fieber und mußte mich beherrschen, um der treuen Hundeseele, die sich vor Mücken nicht retten konnte, nicht eins überzubrennen. Zu Hause habe ich von dem Fiasko kein Sterbenswörtchen gesagt.

Als es am Nachmittag an allen Ecken blitzte und donnerte und ein wolkenbruchartiger Regen einsetzte, wurde meine Stimmung auch nicht besser, denn ich sah schwarz für den Abendansitz. Über dem Löwentinsee braute sich ein Gewitter nach dem anderen zusammen. Um das Malheur vollzumachen, erklärte der „Baron“, daß er am Abend unbedingt in die Kreisstadt müsse, und er ungern seine Frau bei Gewitter allein lasse.

Ich verstand den zarten Wink sofort und erklärte mich bereit, der „Gnädigen“ bei Blitz und Donner Gesellschaft zu leisten. Wahrscheinlich war meinem Gesicht dabei anzusehen, daß mir diese Kavalierspflicht nicht leicht fiel, denn der „Baron“ meinte: „Dann bleiben Sie eben solange bei uns, bis der Bock liegt.“

Das ging natürlich nicht, denn ich war mit dem nächsten Ring-Mitglied fest verabredet. Doch anderthalb Tage konnte ich allenfalls zugeben. Auf jeden Fall war ich an dem Abend ein schlechter Gesellschafter. „Sechsundsechzig bis Tausend“ verlor ich haushoch, weil ich mehr auf den Wetterhimmel als in die Karten blickte. Schließlich legte die „Gnädige“ Patience und las diabolisch lächelnd daraus, daß ich wohl zur Zeit eine Pechsträhne hätte.

Aber nach drei Stunden Schlaf spannte ich früh meinen Fuchs vor die leichte Gig, obwohl der Himmel immer noch alle Schleusen offen hatte. Den Hund ließ ich wohlweislich zurück, denn holen konnte ich ihn immer noch für den Fall einer Nachsuche. In der Ferne grummelte es, und der Wettergott wollte nicht Ruhe geben.

Als ich schließlich an meinem Sitz unter der Esche ankam, war es noch stockdunkel, denn am Himmel hatte sich allerhand zusammengeballt, und trotz der Morgenstunde war es drückend schwül. Ich qualmte eine Pfeife nach der anderen, bis es sich am Horizont etwas lichtete. Bald spürte ich, daß im Bruch das Wild unterwegs war. Überall knisterte es im Dickicht. Ein Kitz fiepte jammervoll nach der Mutter. Ich sah zwar auf der Serradella einige Schatten, aber erkennen konnte ich trotz des scharfen Nachtglases noch nichts.

Dann ging ein Wolkenbruch herunter, daß die Nässe mir durch das Ölzeug schlug, und genau über dem Bruch entlud sich ein Blitz nach dem andern. Immerhin wurde es etwas heller, und ich konnte drei Ricken mit ihren Kitzen ausmachen, die trotz der Donnerschläge ruhig weiterästen.

Plötzlich wieder ein tagheller Blitz genau über mir. Das Glas habe ich angesetzt. Aber auch so hat das Licht ausgereicht, um fast schmerzhaft zu erkennen: keine fünfzig Schritt vor mir steht der Bock und ganz deutlich im phosphoreszierenden Licht leuchten beide Stangen. Wie gebannt sehe ich die weiß gefegte Dolchspitze, und ganz instinktiv sind Kimme, Korn und Tiefblatt eine Linie.

Zugleich mit dem Donner kracht mein Schuß, und der Bock ist wie weggewischt. Etwas verdutzt schaue ich drein, denn es kann ja kein Spuk sein. Eine Pfeifenlänge zwinge ich mich zur Ruhe, dann gehe ich schnurstracks in der Richtung, die ich mir gemerkt habe. Da liegt er im hohen Riedgras wie hingestreckt, ganz grau im

Gesicht, und grimmig glitzern die Lichter. Er ist nicht so übermäßig stark im Wildbret wie die Ricken hier. Also der richtige Abschußbock.

Als ich ganz in die rote Arbeit vertieft bin, habe ich das Gefühl eines menschlichen Blickes im Nacken und fahre mit dem schweißroten Messer herum, denn man kann ja nicht wissen. „Lassen Sie stecken“, lacht lauthals der „Baron“, dessen Fahne ich anmerke, daß die Sitzung die ganze Nacht gedauert hat. „Wußte ich doch, daß Sie heute hier sind. Alle Achtung und Waidmannsheil.“

8

Wildenten-Likör — Abschied aus einem Jägerparadies

„Kauf dir erst mal den Rucksack voll Patronen", sagte mittags am Telefon Janusch, bei dem ich damals fast wie zu Hause war. Es waren herrliche Zeiten, als ich in seiner Eigenjagd dicht am Löwentinsee freie Flinte hatte. Dreihundert Morgen auf dem kargen masurischen Sandboden, dem „Piassek", waren nichts Besonderes. So besaßen die meisten Bauern meines Bezirks eine Eigenjagd wie Janusch. Ich aber führte ein zünftiges Jägerleben.

„Auf meiner Haferstoppel fallen Enten ein, sowas hast du bestimmt noch nicht gesehen", setzte er hinzu. Ich wußte, das Haferfeld lag genau zwischen den beiden Seen. Beide waren von einem mächtigen Schilfgürtel umgeben, in dem die Enten ungestört brüteten und zu Hunderten ihren Einstand hatten. Und Mähdrescher gab es damals noch nicht. So konnten die Enten, wenn der Hafer reifte und gemäht wurde, aus dem Vollen schöpfen.

Als wir am Abend anrückten, zwei Jäger und Ajax, ein Langhaarrüde, die Neuerwerbung, standen die Hafergarben aufgereiht in Hocken und schnurgerade ausgerichtet. Es war ein herrlicher Augustabend. Über dem weiten Land dehnte sich ein azurblauer Himmel. Wenn man genau hinhörte, war im Osten die Brandung des Löwentinsees zu vernehmen.

Wir hatten uns jeder in eine Hocke gesetzt, so daß wir nach allen Seiten freies Schußfeld hatten, und warteten auf die Dinge, die da kommen sollten.

Lange Zeit war das letzte Trillern der Lerche und der Ruf der Rohrdommel der einzige Laut, der die fast erdrückende Stille unterbrach. Bald fing Ajax zu Füßen seines Herrn an zu schnarchen, daß es weit schallte. Doch Paul winkte ab. Das störte ihn nicht und die Enten, die kommen sollten, anscheinend auch nicht. Er mußte es ja wissen.

Ich wollte mir gerade eine Zigarette anbrennen, blies jedoch das Feuerzeug sofort wieder aus, denn von irgendwo war der leise singende Zirpton einer anfliegenden Ente in der Luft. So hitzig wie ich damals noch war, visierte ich den in „Affenfahrt" kommenden Vogel an und wollte, als er über uns die erste Runde drehte, abdrükken. Aber Paul rief: „Nicht schießen, ein Spion!"

Da hätte ich ja bald was angerichtet. Erst jetzt fiel mir der Grundsatz meines alten Lehrmeisters ein. Diesen ersten Späher soll man ja bei seinem Erkundungsflug auf keinen Fall stören. Irgendwo wartet meist ein größerer Entenschof auf die Rückkehr.

Der Erpel war gerade aus meinem Gesichtskreis verschwunden, als Paul mit leicht verklärtem Schmunzeln zum Himmel zeigte. Von allen Seiten kam die Musik immer näher heran, das zirpende Singen in der Luft, das Signal für die heranrückenden Schofe. Nein, es waren ganze Geschwader, die über unseren Köpfen ihre ersten Runden drehten, um dann in immer enger werdenden Spiralen zur Landung ansetzten. Mir juckte es im Zeigefinger. Am liebsten hätte ich in die Vollen gehalten. Aber so schwer es mir auch damals fiel, ich beherrschte mich.

Erst als ringsum das große Schnattern und Schnabulieren begann, stand Paul auf und holte aus dem ersten aufsteigenden Schof eine Doublette mit dem ersten Schuß. Man merkte, er war in Übung. In das nächste, etwas entfernter aufsteigende Schof blitzte zweimal seine alte Doppelflinte mit der Hahnspannung, und jedesmal fiel eine Ente. Schon hatte er wieder geladen, und aus dem wie eine Wolke abstreichenden Flug schlugen wie zwei Federbälle die Breitschnäbel mit hartem Knall senkrecht zur Erde.

Und ich, der ich zum ersten Male eine solche Masseninvasion an Enten erlebte, ich schoß zuerst einmal in der Aufregung vorbei, weil ich nicht genug mitzog. Dann kam mir aus dem von Paul beschossenen Schof ein bunter Erpel spitz über den Kopf. Ich mußte zwar ziemlich zirkeln, um ihn mit dem Flintenlauf zu fassen. Aber er knallte zur Erde, daß es patschte. Die nächsten beiden Schüsse schickte ich, ohne lange zu zielen, einem abstreichenden Flug hinterher, und es gab meine erste Doublette. Und als ich gar nicht mehr damit rechnete, ging noch ein Flug Jungenten hoch, aus dem ich, wieder unbesehen die Schüsse hinwerfend, zwei Nachzügler herunterholte.

Ich glaubte, nun wäre der Spaß vorbei. Aber Paul gab ein Zeichen, sich wieder zu setzen und ganz still zu verhalten. Auch die erlegten Enten ließen wir liegen. Nur einen geflügelten Erpel mußte Ajax heranholen.

Was soll ich sagen. Das Manöver mit dem Erkundungsflug des Spähers und den aus allen Himmelsrichtungen heranrückenden Geschwadern wiederholte sich noch zweimal. Einen Verbindungsdienst zwischen den beschossenen Völkern schien es demnach nicht zu geben, ein Manko für die so überaus vorsichtigen und schlauen Breitschnäbel, über das ich damals oft nachgedacht habe.

Dann war die Dunkelheit hereingebrochen. Wir konnten Korn und Ziel nicht mehr zusammenbringen und hatten zu tun, daß wir unsere Beute in der Düsternis fanden. Wenn Ajax mit seiner guten Nase nicht dabei gewesen wäre, mancher der bunten Erpel wäre liegengeblieben als willkommener Leckerbissen für Fuchs und Bussard.

Schließlich hatten wir fast dreißig Stockenten auf der Strecke liegen. Tragen konnten wir diese Menge beim besten Willen nicht, und Jäger mit Auto gab es damals noch nicht. Also machte sich Janusch auf den Weg, um einen Einspännerwagen vom Hof zu holen.

Ich mußte als Posten bei der Strecke bleiben und konnte die herrliche Sommernacht in vollen Zügen genießen. Ob ich damals schon ahnte, daß es die letzte mit einem so wunderschönen waidmännischen Abschluß in diesem Jägerparadies werden würde, ich weiß es heute nicht mehr. Aber ich hatte mich entschlossen, meine Zelte abzubrechen, und wollte, wie es damals so schön hieß, heim ins Reich. Deshalb wohl habe ich jenen Abend mit allen seinen Einzelheiten im Gedächtnis behalten.

Als Janusch mit Pferd und Wagen kam, war es stockdunkel.

„Du mußt noch bleiben“, sagte er. „Margot hat uns einen Likör gebraut, da ist alles dran.“ Das war mir klar, eine Strecke wie die heutige mußte begossen werden. Aber von meiner Abschiedsstimmung sagte ich nichts.

Zu Hause dann legten wir noch einmal Strecke auf dem Flur, schön zünftig in Zehnerreihen, wie es sich gehört. Margot hatte dieses Zeremoniell noch nicht erlebt, und als ihr Paul sein altes Jagdhorn holte und „Halali“ blies, war sie sichtlich beeindruckt. Man stelle sich vor, wie in einem alten masurischen Bauernhaus die Jagdsignale schmetterten. Das war einmalig.

Dann kosteten wir ihren Likör, den sie aus Rum, Himbeersaft und einigen Zutaten zusammengebraut hatte. Wir merkten bald: der hatte es in sich! Margot hatte sich auf die Ofenbank zurückgezogen und lauschte still unseren Berichten von den Entengeschwadern, die noch einmal über unseren Köpfen ihre Runden drehten, von dem schnarchenden Ajax und von den Spionen, die ich unverbesserliches Grünhorn beschießen wollte.

Bald wirkte die Mischung des „Wildenten-Likörs“. Oder war es meine Mitteilung, daß ich Abschied nehmen wollte? Jedenfalls sollen wir immer trauriger geworden sein, wie Margot uns am nächsten Morgen beim Frühstück lachend erzählte, traurig auf die Schlechtigkeit der Welt, die uns zwang, die armen schönen Erpel in ihrem so bunten Federkleid totzuschießen.

„Es hätte nicht viel gefehlt“, so sagte sie, „dann hättet ihr euch gegenseitig das Versprechen abgenommen, nie mehr auf Enten zu schießen und nie mehr auf die Jagd zu gehen. Und das ging für meine Begriffe zu weit. Da schickte ich euch ins Bett.“

9

Beichte mit blanken Läufen — Von märkischen Burgen und seltenem Vogelwild

„Märkische Heide, märkischer Sand — sind des Märkers Freude — sind sein Heimatland — steige hoch, du roter Adler!“ So hatten wir damals in feuchtfröhlicher Korona gesungen, eine kleine Runde von begeisterten Jungjägern, die tagsüber in der Treiberwehr mitgegangen waren und die es auch vorgezogen hatten, abends in dem gemütlichen Bauernstübchen neben der herrschaftlichen Küche mit den Treibern zu feiern. Oben im Saal, wo die Herrn im Frack oder Smoking, die Damen in langen Abendkleidern ein Schüsseltreiben mit allem Drum und Dran zelebrierten, mit endlosen Ansprachen und umständlichen Trinksprüchen, da ging es uns zu steif zu.

Und der Jagdherr, Rittergutsbesitzer von R., hatte ein Einsehen mit dem übermütigen jungen Volk gehabt. „Hier unter den knickrigen Exzellenzen und ollen Schachteln — aber behaltet das ja für euch! — unter den vielen Schreibtischstrategen (damit meinte er die Spitzen von Politik und Verwaltung) fühlt ihr euch doch nicht wohl.“ Damit waren wir für den Abend beurlaubt. Daß auch seine kleine Tochter mit ihrer Freundin „unten beim Jägervolk“ mitfeierte, dazu fast das ganze weibliche Hauspersonal, darüber sah er schmunzelnd hinweg.

So ließen wir immer wieder den roten Adler hochsteigen, und damit fängt meine Geschichte eigentlich erst an. Denn einer aus unserer Runde, der junge Bauer Schmädecke, der jedes Jahr als Treiber mitging, meinte ganz trocken: „Na ja, einen Adler werdet ihr doch wohl niemals schießen."

Das war das Stichwort für den eleganten, aus Süddeutschland stammenden Forstadjunktus — der Name ist mir entfallen — zu einem wohlgesetzten und tiefschürfenden Diskurs über den Wandel des Begriffs „Jagdbarkeit" im Laufe der Jahrhunderte. Zum Schluß kam dann die etwas ironische Bemerkung: „Aber hier in der Mark Brandenburg habt ihr doch ein viel selteneres Vogelwild, das eigentlich das Symbol eurer Fahnen sein müßte. Ich meine die Trappe, den Laufvogel aus grauer Vorzeit, den Zeitgenossen von Mammut, Auerochs und Wildpferd. Aber dieses Wild kriegt ihr wohl kaum zu Gesicht?"

Die märkischen Bauernjungen waren allerdings anderer Meinung. Hier im Havelland, in dieser Kultursteppe ohne Baum und Strauch, hatte fast jeder von ihnen irgendwann in seinem Leben einmal eine Trappe gesehen. Das war doch Ehrensache. Nur ich als „Zugereister" aus dem Osten, der ich erst seit einigen Monaten den märkischen Sand unter meine Stiefel nahm, ich hörte das alles schweigend an.

Denn schon in den ersten Wochen, als ich einmal mittags über den großen Luzerneschlag ging, der zur Hälfte in Reutern stand, war mir der der große Vogel begegnet. Ich glaubte zu träumen. Alles ging blitzschnell vor sich. Plötzlich war er da, wie aus der Erde gezaubert. Zuerst dachte ich an einen aus dem Zoo entwichenen Straußvogel. Wie ein Pfeil schoß er auf langen kräftigen Ständern davon, so daß ich von seinem äußeren Habitus nicht viel Einzelheiten erkennen konnte. Deshalb behielt ich auch alles zunächst für mich, um mich nicht zu blamieren.

Abends sprach ich dann im Dorf mit dem alten Prittwitz, einem echten Nimrod. Der fragte dies und das, und dabei fiel es mir ein. An beiden Seiten des Schnabels hatte der Vogel zerschlissene Federn, die auf der Flucht so merkwürdig flatterten. „Männekken, det war 'n Trappenhahn, und denn noch auf dem Grund, wo mal die olle Raubritterburg gestanden hat. Da ham Se aber Dusel gehabt."

Nun muß ich zum besseren Verständnis der Begleitumstände

den Film kurz zurückspulen. Es war damals die wilde Zeit ausgangs der zwanziger Jahre, die für einige Zeitgenossen die „goldenen“ gewesen sein sollen. Das Schicksal hatte mich in den brodelnden Hexenkessel der Weltstadt Berlin verschlagen, und ich war das ewige Gehetze und Gehaste, das wüste Treiben auf den Straßen bald leid. Wie ein pflastermüder Gaul sehnte ich mich danach, wieder Ackererde unter die Füße zu bekommen.

In dieser Verfassung klagte ich einmal Herrn von R., Rittergutsbesitzer auf St. in der Mark, mit dem ich auf einer landwirtschaftlichen Buchstelle zusammentraf, mein Leid. Er wußte Rat und schickte mich auf befristete Zeit als Verwalter zu seinem Schwager, der das Stammgut der alteingesessenen märkischen Adelsfamilie im Havelland bewirtschaftete.

So kam ich in diese so geschichtsträchtige Gegend, von der Theodor Fontane in seinen „Wanderungen durch die Mark Brandenburg“ zu berichten weiß. Und als kleine Randfigur habe ich die Nachkommen dieser uralten Geschlechter erlebt, die schon in der Mark auf ihren Burgen saßen, als der erste Hohenzoller, der Nürnberger Burggraf Friedrich, als Landesverweser des römischen Kaisers zwischen Havel und Spree erschien.

Auf jenem Luzerneschlag, wo zwischen den Reutergerüsten, auf denen das duftige Heu hing, wie ein Pfeil der erste Trapphahn meines Lebens sich meinen Blicken entzog, sollte noch bis in die letzte Zeit der Pflug Reste der Umfassungsmauern jener alten Stammburg freigelegt haben, von der aus einst die reisigen Herren mit ihren Knechten ausritten, um die „Pfeffersäcke“, die Kaufleute, auf ihrer Reise nach Berlin zu schröpfen.

Bei der ersten Begegnung mit dem seltenen Vogelwild, von dessen Existenz ich bis dahin höchstens aus „Brehms Tierleben“ etwas wußte, war ich noch ohne Gewehr. Denn ich hatte nur das allernötigste Gepäck aus Berlin mitgebracht. Das sollte bald anders werden. Dafür sorgte ein gnädiges Geschick, oder war es Diana?

Jedenfalls „cherchez la femme“, wie es im Sprichwort heißt. Hermine nannte sich das schöne Kind und war Hauslehrerin im „Schloß“. So bezeichnete man jedenfalls im Dorf das nüchtern und schlicht preußisch wirkende Herrenhaus aus alter Tradition, obwohl es keineswegs wie ein Schloß wirkte. Wie es so geht in der ländlichen Einsamkeit, hatten sich zarte Bande angeknüpft, zunächst auf stundenlangen, endlosen Spaziergängen am Sonntag, auf denen wir voreinander unser bisheriges Leben ausbreiteten.

Die schlanke Pädagogin mit dem schwarzen Madonnenscheitel wurde bald meine eifrigste Fürsprecherin und sorgte zunächst dafür, daß ich aus der kahl und lieblos wirkenden Bude im Hofmeisterhaus in ein nett eingerichtetes Zimmer neben der Bibliothek im „Schloß" übersiedeln konnte.

Eines Nachmittags, als ich in meinem neuen Zimmer eine Tasse Kaffee trinken wollte, kam Hermine mit einer doppelläufigen Flinte des Hausherrn. Ich mußte wohl kein sehr geistreiches Gesicht gemacht haben, denn sie sagte: „Ja, schauen Sie mich nur an, ich bin's und nicht der Weihnachtsmann! (Wir siezten uns damals noch, damals, als man sich für alles mehr Zeit ließ.) Wenn Sie bis Freitag einen Küchenhasen schießen, können Sie die Flinte zunächst behalten und haben Jagd frei auf Niederwild und Raubzeug, das läßt Ihnen Herr von R. sagen ..."

Das war mehr, als ich zu träumen wagte. Noch am gleichen Abend setzte ich mich am Rande des großen Kleeschlages an, wo ich morgens bei Reif und Nebel öfter einige Mümmelmänner angetroffen hatte. Denn ich sagte mir schon damals, daß der Ansitz auf Hasen immer die sicherste Sache war. Kurz vor Mitternacht lieferte ich zwei stramme Rammler in die herrschaftliche Küche, denn ich hatte doch in aller Freude über das gewährte Jagdrecht mein Fahrrad vergessen und mußte gut eine Meile mit meiner Beute zu Fuß marschieren.

Vorher war die Zeit der großen Hühnerjagden, die ich nur aus der Ferne als Zuschauer erleben durfte, denn ich hatte tagsüber ja andere Pflichten. Aber gewöhnlich blieb danach noch einige Tage ein Verwandter des Hausherrn mit einem guten Hund zur Nachsuche, und manchmal kam ich dann zum Schuß, wenn er mir großzügig seine Flinte überließ.

Aber mit offizieller Jagderlaubnis war es doch eine ganz andere Sache. Vor allem konnte ich jetzt den Karnickeln auf den Balg rükken, die auf dem „Sandberg" seit uralten Zeiten etagenweise ihre Burgen hatten und in manchem Jahr auf den angrenzenden Saaten Kahlfraß machten. Wenn sie auch auf den Treibjagden stattliche

Strecken brachten, es blieben immer genug übrig. Manchen Sonntagmorgen habe ich vor den Bauten gesessen. Immer wenn ich meinen Rucksack mit den erlegten Lapuz in der Küche leerte, zog ich mir den Zorn der „Gnädigen“ zu, die dann gerade mit dem gesamten Personal Hausandacht hielt. Schließlich siegten die landwirtschaftlichen Interessen des Hausherrn, der mich immer mit Witz und Charme herauspaukte.

Aber es verging kein Tag, an dem ich nicht an mein Erlebnis mit dem Trapphahn erinnert wurde. Wenn ich morgens das Zimmer verließ, um mein Tagewerk zu beginnen, mußte ich im Seitenflügel des Herrenhauses einen langen Gang passieren. An den Wänden hingen die Trophäen vieler Generationen des alten märkischen Adelsgeschlechtes. Gegenüber dem großen Bogenfenster, durch das immer das erste Tageslicht auf die Wand fiel, prangte auf dem Podest ein naturgetreu präparierter Trapphahn.

Ob er mir noch einmal begegnen würde, bevor meine Zeit hier um war? Diese Frage ging mir jedesmal durch den Sinn.

Bald kam die Zeit, in der die Graugänse geschwaderweise ins Havelluch einrückten. Wenn dann aus ihrem Nachtquartier auf dem Fluß oder in den angrenzenden Brüchen mehrere starke Züge der grausilbernen Vögel auf unsere Roggen- und Wintergerstesaaten einfielen, entstand erheblicher Schaden.

„So schlimm wie dieses Jahr war es eigentlich schon lange nicht mehr“, sagte eines Abends Herr von R. zu mir. „Der Schaden ist enorm. Wir müssen etwas dagegen tun. Ich will sehen, daß ich so schnell wie möglich ein Dutzend guter Flintenschützen organisiere.“

Meine Aufgabe war es, durch längere Beobachtung herauszufinden, wo der stärkste Einfall war. Nach einem genau besprochenen Plan ließ ich Erdlöcher für die Schützen anlegen, denn auf den großen Schlägen ohne Baum und Strauch gab es keine natürliche Dekkung. Erdarbeiten waren glücklicherweise noch möglich, denn der Winter kam so spät, daß bis in den Dezember hinein die Gespanne pflügen konnten. Sogar Dränagearbeiten in einem nassen Loch des Luzerneschlages, der schon zur Hälfte umgebrochen war, waren noch möglich.

Daran erinnere ich mich insofern ganz genau, als eines Mittags der junge Schmädecke, Teilnehmer unserer lustigen Runde nach der Treibjagd, ganz aufgeregt zu mir kam. Er hatte ein Faible für die Geschichte seiner märkischen Heimat. „Denken Sie bloß, beim Dränieren haben sie ein paar Brocken hochgeholt. Die müssen Sie sich mal ansehen. Das sind bestimmt Steine von der alten Burgmauer."

Das paßte gut, denn ich wollte am Nachmittag mit der Flinte losziehen, um rechtzeitig vor der Dämmerung einmal den Ansitz auf Gänse in einem der frisch angelegten Erdlöcher auszuprobieren. Vorher war ich noch bei den Pflügern auf der Luzerne und hatte zugesehen, wie hinter den dampfenden Gespannen, immer drei Pferde nebeneinander, der schwere Pflug sauber eine Furche neben die andere legte. Wir sprachen über das Wetter. Der Himmel war verhängt, und über der Havel begannen die ersten Nebel zu brauen.

Das richtige Gänsewetter, dachte ich mir und hielt mich nicht lange bei den Dränagearbeiten auf, obwohl mich die schweren Steinbrocken, offensichtlich aus Feldsteinen zusammengefügt, sehr interessierten. Eine genauere Besichtigung dieser Zeugen märkischer Vergangenheit verschob ich auf den nächsten Tag.

In das erste Erdloch auf der äußersten Flanke der vorgesehenen Schützenlinie hatte ich mich gesetzt, um den Flug der Gänse, wenn er mir kommen sollte, durch meinen Schuß für die nächsten Tage nicht zu vergrämen. Denn übermorgen in aller Frühe vor Sonnenaufgang sollten die Herren die Stände beziehen. Einen Probeschuß für heute hatte mir der Chef ausdrücklich bewilligt.

Von meinem Sitz zu ebener Erde aus, die Öffnung nach oben mit altem Heu sorgfältig verblendet, konnte ich in der Ferne am Horizont die pflügenden Gespanne beobachten. An der Dränage hatten die Männer gerade Feierabend gemacht und packten ihr Arbeitszeug zusammen, denn sie standen im Akkord und waren an keine Zeit gebunden. Die Gespannführer hatten das Soldatenlied vom „schwarzbraunen Mädelein" angestimmt und machten wohl auch die letzte Runde.

Plötzlich lautes Hallo unter den Dränagearbeitern, die sich an den freigelegten Mauerbrocken zusammengefunden hatten. Das pflanzte sich fort bei den Rösselenkern, und die begannen wie wild mit den Peitschen zu knallen. „Has up, Has up", brüllten sie, so daß ich glaubte, sie hätten einen Mümmelmann aus der Sasse hochgemacht. Ich machte mich schußfertig, denn einen Küchenhasen konnten sie im „Schloß“ immer gebrauchen.

Doch auch mit dem Fernglas konnte ich keinen Hasen ausmachen. Doch was war das? In der Senke schien es mir so, als ob Schwingen schlugen. Das war doch Flugwild. Nein, Fasanen konnten es nicht sein. Gänse auch nicht. Ich drehte wie wild an meinem Glas, aber das Wild kam aus der Senke nicht heraus.

Endlich hatte ich das erste Stück in der Linse, und mir stand der Schweiß auf der Stirn. Es war ein Trapphahn, das Traumbild, das mich seit Monaten verfolgte! Hinter ihm trippelten zwei Hennen. Das Tempo ihrer Fluchten hatte merklich nachgelassen. Sie fühlten sich wohl außer Gefahr, denn der Lärm hatte aufgehört.

Obwohl die Entfernung fast zweihundert Meter betrug, hatte ich den Hahn deutlich im Fernglas und konnte jede Feder erkennen. Er sicherte nach allen Seiten und war sich offenbar nicht im klaren, in welcher Richtung es weitergehen sollte. Eigentlich ein häßlicher Vogel mit seinem Straußenkopf, dachte ich mir, der mehr in die afrikanische Steppe und nicht in unsere Landschaft paßt. Die Hennen hatten sich niedergetan und waren mit ihrer rostbraunen Farbe vom Erdboden kaum zu unterscheiden.

Jetzt beginnt der Trapphahn langsam und bedächtig weiterzuschreiten, und die ganze Gesellschaft nimmt — Diana steh mir bei! — haarscharf Richtung auf meinen Sitz. In meinem Schädel jagen sich die Gedanken. Was mache ich, wenn sie mir schußgerecht kommen? Gehören sie zum Niederwild, auf das ich freie Jagd habe? Gewiß, aber der alte Prittwitz im Dorf, zu dem ich damals nach der ersten Begegnung gegangen war, sprach von einigen streng geschützten Brutplätzen ganz in der Nähe.

Daß der Hahn für mich tabu war, das wußte ich wohl! Aber an eine Schonzeit für Hennen um diese Jahreszeit wollte ich nicht glauben. Andererseits hatten sie offenbar einen festen Wechsel durch das Revier. Trotzdem, als sie auf der noch ungepflügten Roggenstoppel verhalten, um nach Körnern zu suchen, plagen mich die Zweifel, ob ich eine Henne schießen darf. Sie stehen auf knapp vierzig Meter so schön breit. Wer weiß, ob mir jemals im Leben dieses originelle Flugwild noch einmal begegnet?

Und der Teufel will es, daß ich auf die letzte der beiden Hennen den Finger krumm mache. Im Geiste sehe ich den schweren Vogel schwingenschlagend auf der Erde. Doch es macht nur klick, sonst nichts. Ich drücke den zweiten Griff, und wieder nur klick. Pfeilschnell sind die Trappen nach allen Richtungen auseinandergespritzt, ehe ich es fasse. Ich hatte vergessen zu laden. Und siedendheiß durchschießt mich der Gedanke: der Zufall — oder ist es Diana selbst? — hat mich vor einer Riesendummheit bewahrt!

Das „Gick-gack" in der Luft hatte ich bei den Vorgängen auf der Erde gar nicht beachtet. Oder ich hatte es nur im Unterbewußtsein wahrgenommen. Jedenfalls waren, als ich nach der Aufregung wieder zu mir kam, mehrere Flüge Graugänse auf der Roggensaat niedergegangen und taten sich gütlich. Es genügte mir festzustellen, daß ihre Horchposten, die etwas erhöht standen, ohne sich am allgemeinen Schnabulieren zu beteiligen, mich in meinem Erdloch nicht beachteten.

Leicht hätte ich eine Gans schießen können. Aber die Lust war mir vergangen. Ich wartete die Dunkelheit ab, kroch dann leise, jedes Geräusch vermeidend, aus meinem Erdloch und begab mich wie geschlagen auf den Heimweg. Mir war fast zumute wie dem vielzitierten Reiter über den Bodensee.

Am nächsten Morgen stand ich vor meinem Chef und berichtete. Auch davon, daß ich die Flintenläufe blank gelassen hatte. Daß dabei allerdings irgendein guter Geist die Hand im Spiel hatte, verschwieg ich wohlweislich. Mir war nicht ganz wohl, als Herr von R. mir auf die Schulter klopfte und erklärte: „Das war waidmännisch richtig! Anders hätte es Sie vielleicht die Stellung gekostet, und Sie hätten uns alle schwer enttäuscht."

10

Der Keiler aus dem Oderbruch — Eine Überraschung für den Staatsanwalt

„Treffpunkt Bahnhof Küstrin, Wartesaal II. Klasse! Für Weiterbeförderung sorgt der Bahnhofswirt." So hieß es kurz und bündig auf hochfeinem Bütten, die Einladung zur Treibjagd mit unbekanntem Ziel, denn nur wenige Eingeweihte wußten, wohin es eigentlich gehen sollte, obwohl die Rückseite eine Kartenskizze des Reviers zeigte. Die Mehrzahl der Gäste, darunter ein Staatsanwalt, ein Studienrat, dazu einige Wehrmachtsurlauber, alles passionierte Waidmänner, die kein Opfer scheuten, wenn man sie rief, sie konnten sich kein Bild machen.

Der Jagdherr Willi B., Inhaber eines renommierten, streng konservativen Buchverlages in Berlin, den dann später der Strudel der Zeiten mit sich riß, plante wieder einmal eine seiner gewohnten Überraschungen. Bis auf den Bahnhofswirt und meine Wenigkeit, die wir das Revier schon kannten, waren es alles Neulinge, die nur als „Zivilisten" durch die Verlagsarbeit mit dem Jagdherrn bekannt waren.

Während der Wirt sich um die Weiterbeförderung kümmerte, warf irgend jemand in der Unterhaltung die Frage auf: „Küstrin! Hier hat doch der Alte Fritz mal als Kronprinz auf Festung gesessen?" Und der Studienrat, offenbar bei seinem Lieblingsthema, ließ dieses Stück preußische Geschichte wie einen spannenden Film an uns vorüberrollen, so daß die Wartezeit schnell überbrückt war.

Bald kam das Fahrzeug, ein mit Holzbänken ausgerüsteter kleiner Lieferwagen. Als wir aufstiegen, kramte der Staatsanwalt wie wild in seiner Jagdtasche und unterbrach die allgemeine Diskussion über das historische Generationsproblem mit der Feststellung: „In Dreideubels Namen, nun hab ich doch meine Brennecke zu Hause gelassen!“ Ich konnte ihm aushelfen, da wir das gleiche Kaliber hatten, aber mit Schwarzwildvorkommen war nach menschlichem Ermessen im Revier nicht zu rechnen. So glaubte ich jedenfalls in meinem jugendlichen Leichtsinn.

Die Überraschung für die „Neuen“ unter uns war jedenfalls dem Jagdherrn gelungen. Unser Gefährt hielt auf einem Gutshof vor der Veranda eines schlichten, aber freundlichen Herrenhauses, und Will begrüßte seine Gäste behäbig lächelnd als notariell beglaubigter Besitzer von über tausend Morgen märkischem Sand am Rande des Oderbruches, davon die Hälfte Wald. Das haute hin, denn alles hatten sie erwartet, nicht aber Willi als Großgrundbesitzer. Aber er war Junggeselle und konnte sich auch finanziell die Erfüllung seines Lebenswunsches leisten. Die angrenzende große Gemeindejagd hatte er dazugepachtet.

„Hier bekommen meine Verlagsprojekte den letzten Schliff“, sagte er und freute sich wie ein großes Kind, seinen Besuchern alle Herrlichkeiten dieses Jäger-Idylls zu zeigen. Und dem vom Streß der Großstadt geplagten Gast kamen jedesmal die Tage hier wie ein Traum vor.

So war es auch diesmal. Nach einem kräftigen Frühstück, das man damals besonders zu schätzen wußte, begann ein Jagdtag, wie man ihn sich nicht besser wünschen konnte. Der erste Schnee war zwar schon etwas verharscht. Doch dafür waren die Hasen locker auf den Läufen. Die Organisation klappte tadellos. Am Vormittag wurde in vier Riesenkesseln die Feldmark durchgetrieben, und schon im dritten Treiben war der pferdebespannte Hasenwagen randvoll.

Während der zünftigen Mittagspause am lodernden Feuer stellten sich die Wehrmachtsurlauber als sangeslustiges Quartett vor. Irgendwoher war plötzlich eine Laute beschafft, und markig klang zum Winterhimmel das Lied „Prinz Eugen, der edle Ritter“. Eine kleine Ovation für den Jagdherrn, der gerade in seinem Verlag die Lebensgeschichte des großen Feldherrn herausbrachte. Die Stimmung wurde so gemütlich, daß unser Jagdfreund aus Küstrin, der die verantwortliche Leitung hatte, erst mit einem kräftigen Donnerwetter die ganze Gesellschaft wieder auf die Läufe brachte.

Dann fing es an zu schneien, und es gab endlich die vom Jäger so heiß ersehnte „Neue". Auch das paßte ausgezeichnet in das Programm, denn jetzt kam der Waldteil mit viel Unterholz und Dikkungen, in denen die grauen Flitzer sich das ganze Jahr über eines ungestörten Daseins erfreuten. „Heute sind sie gut zu sehen", stellte der Studienrat aus Berlin-Wilmersdorf fest und legte allein über ein Dutzend Kanin auf die kristallweiße Schneedecke. Es wurde überhaupt in diesem Treiben sehr gut geschossen, oder den „Krulliks", wie man sie dort nannte, war der plötzliche Wetterumschwung so in die Knochen gefahren, daß sie zu leichtsinnig vor die Flinten kamen.

Die meisten Schonungen wurden auf Wunsch des Jagdherrn nicht getrieben. Nur eine, die sogenannte „Große Schonung", eine Riesenfläche, wurde umstellt, und die Treibergarde mit Säcken über den Köpfen ging nach entsprechend gründlicher Instruktion langsam ohne viel Lärm hinein. Hier steckten jedes Jahr mehrere Füchse drin.

Fast über eine Stunde blieben wir auf unseren Ständen und genossen den herrlichen Wintertag. Mein Nachbar, der Staatsanwalt, dem ich am Morgen mit Brenneckepatronen ausgeholfen hatte, steckte sich eine Brasil ins Gesicht und schien mit sich und der Welt zufrieden zu sein. Er hatte gerade jovial zu mir herübergewinkt und riß umständlich ein Streichholz an, um sich ganz dem Genuß seiner Nachmittagszigarre hinzugeben. Plötzlich ließ er alles fallen, die gute Brasil und die Zündhölzer, backte die Flinte an, und bums ging eine meiner Brennecke heraus. Dann lud er nach, ging einige Schritte vor und blieb stehen.

Inzwischen schien die Hölle los zu sein. „Fuchs, Fuchs", hieß es auf der einen Seite, und ein Flintenschuß folgte dem andern. Ein Jubelschrei der Treiber quittierte jedesmal die Treffer. Die Hunde, die angeleint blieben, jaulten gottserbärmlich, und genau vor meinem Stand erschien der Obertreiber, im Zivilberuf Dorfschmied, mit Pulverschnee überzuckert wie Knecht Ruprecht höchstpersönlich, aber schreckensbleich und mit wankenden Knien.

„Haben Sie gesehen, den Kujel wie einen Kleiderschrank? Hier ging er doch raus." Dann lehnte er sich ganz außer Puste an den Kiefernstamm. Und der Staatsanwalt rief stolz und sichtlich ganz aus dem Häuschen seinen Hut schwenkend: „Sau tot! Er liegt!" Ich mußte meine Neugier bezähmen und erst das Abblasen abwarten, bevor ich hinüberlief, um dem glücklichen Schützen Waidmannsheil zu wünschen. Denn Willi wurde verdammt eklig, wenn man seinen Platz vorzeitig verließ.

Als es soweit war, winkte der Staatsanwalt schon etwas kleinlauter ab. „Erst müssen wir vor ihm stehen! Er brach im Feuer zusammen und ging schwerkrank in die Dickung."

Man merkte dem sonst stocknüchternen Juristen an, daß dieses so unerwartete Rencontre ihm mächtig an die Nieren gegangen war.

Inzwischen war Willi, der Jagdherr, mit einigen Experten am Ort des Geschehens eingetroffen. „Gustl, wir kennen hier eine grobe Sau nur aus dem Bilderbuch. Nun kommst du her, und da läuft dich ein Staatskeiler bald um." Im Flüsterton sprach er auf den Juristen ein, den immer noch das Jagdfieber schüttelte, und ließ sich den Hergang schildern.

Dann wurde beraten, ob man die Hunde schnallen sollte oder den anscheinend schwerkranken Keiler erstmal, ohne anzurühren, im Dickicht ließ. Am Anschuß lag eimerweise hellroter Schweiß. Der Bahnhofswirt aus Küstrin, der wohl von allen die meiste Erfahrung hatte, fand einen winzigen Knochensplitter.

Die Mehrzahl war dafür, die ganze Abteilung zu umstellen und dann die Hunde hineinzuschicken, zumal ein Schneetreiben einsetzte. Der Jagdherr und seine Getreuen hatten schwerste Bedenken, weil die Hunde am ungewohnten Schwarzwild nicht viel taugten. Und dazu handelte es sich um ein schwerkrankes, hauendes Schwein. Willi wollte die Verantwortung nicht übernehmen.

Die Schweißfährte war im Schnee sehr gut auszumachen. Deshalb einigte man sich, daß der Staatsanwalt und drei ältere erfahrene Jäger ohne Hund sich vorsichtig in die Schonung hineinschoben, während das Gros sich abwartend im Hintergrund hielt. Das Schneetreiben wurde immer dichter. Die vier auf der Nachsuche hatten sich immer weiter entfernt. Anscheinend war die Sau doch weitergezogen. Dann Fluchen und wüstes Schimpfen: „Verdammt noch mal! Da geht sie hin."

Also aufgemüdet. „Prost Mahlzeit", sagte Willi und ließ zum nächsten Treiben ausrücken. Um es kurz zu machen, wir saßen nach dem Halali schon gemütlich am Kaminfeuer, als die vier bis auf die Haut durchnäßt und mit langen Gesichtern im Haus eintrafen. Sie waren der Fährte, die immer weniger Schweiß zeigte, kreuz und quer gefolgt, über Kahlschläge, durch das „Hohe Holz", dann wieder durch die „Große Schonung", wo der Keiler anscheinend seinen Einstand hatte. In der Abteilung, die an das „Feindliche" angrenzte, hätte sich die Fährte in Richtung Reviergrenze bei immer dichter werdendem Schneefall verloren.

Entscheidung des Jagdherrn: Sofort den Nachbarn, Domänenpächter M., anrufen — das Verhältnis war Drei minus! — und Nachsuche verabreden. Willi wollte sich die Laune für das Schüsseltreiben nicht verderben lassen und meinte: „Für solche Verhandlungen ist ein Staatsanwalt der richtige Mann." Womit er durchaus recht hatte, wie sich bald zeigte.

Dann aber erlebten wir ein paar Stunden froher, gepflegter Geselligkeit nach einem für die Kriegszeit unvorstellbaren Abendessen, („Gustl, du mußt essen, ohne zu fragen") und bei witzigen, bisweilen sehr scharfen Wortgefechten über die Vorkommnisse des Tages war bald Mitternacht herangerückt.

Für mich war Zeit zum Aufbruch, denn ich wollte den Vollmond zum Ansitz auf Füchse am Luderplatz nützen. Inzwischen hatte sich der Himmel nämlich aufgeklart, und die Sterne glitzerten auf die weiße Pracht hernieder. „Man soll die Jugend gewähren lassen", sagte der Hausherr und ließ mir nach bekanntem Rezept eine Thermosflasche mit steifem Grog füllen. Außerdem gab er seinem Kutscher Anweisung, der auch den Butler machte, mich im Schlitten hinauszufahren.

Die Fahrt ging quer durch das Revier auf eine Blöße zwischen zwei Dickungen. Dahinter stand die dunkle Wand des Hochwaldes. Die vorn und an den Seiten offene Kanzel stand dicht an der Waldgrenze. Davor lag etwa fünfzig Schritt entfernt der Luderplatz, natürlich völlig zugeschneit. Aber man hatte mir versichert, daß erst am Nachmittag frische Schlachtabfälle antransportiert waren.

Von der „Großen Schonung", in der das Malheur mit dem Keiler passierte, waren es einige Kilometer Entfernung.

Franz, Hausmeister, Kutscher und Vertrauensperson seines Herrn, hatte vorsorglich einen langen Fahrpelz und Filzstiefel miteingepackt. Außerdem hatte mir der Jagdherr, um daß Maß der vorsorgenden Gastlichkeit vollzumachen, seine Repetierbüchse 7×64 mit sehr gutem Zielfernrohr aufgenötigt. So konnte nichts schiefgehen. In gut zwei Stunden sollte der Schlitten mich wieder abholen.

Es wurde eine herrliche Winternacht, und ich bedauerte nicht, daß ich den Ansitz bei leichtem Frost dem Kartenspiel und Jägerlatein im Tabaksqualm vorgezogen hatte. Fast taghell lag die Blöße mit dem Luderplatz im Mondschein. Eigentlich zu hell, dachte ich mir. Solange das volle Licht drauflag, kam sicher kein Fuchs.

Ich hatte Zeit, mir die Umgebung mit dem Fernglas genauer zu betrachten. Jede Krüppelkiefer, jeder Dornbusch am Waldrand ließ mich nicht mehr los, und es dauerte eine ganze Weile, bis ich mich überzeugt hatte, daß nichts dahintersteckte. Doch der große Maulwurfshaufen am Grabenrand hatte es mir angetan.

Gerade machte ich mir meine Gedanken darüber, warum die anderen kleinen Hügel auf der Waldwiese alle zugeschneit waren, als ein Fuchs langsam über die Blöße auf den Luderplatz zuschnürte. Der Hunger war wohl zu groß, und im vollen Mondlicht konnte ich ihn mit meiner Flinte erreichen.

Doch nach mehr stand mein Sinn, und ich ließ ihn liegen. Ein prächtiger Bursche, stellte ich mit dem Glas fest und genehmigte mir daraufhin einige Grogs aus der Thermosflasche. Genüßlich tat ich dazu einige Züge aus der kurzen Pfeife und widmete mich wieder eingehend dem Studium des Maulwurfshaufens. Das konnte doch nicht mit rechten Dingen zugehen nach dem heutigen Schneefall. Aber es waren weit über zweihundert Meter, und der Schlagschatten der hohen Kiefern lag darauf, so daß ich trotz des guten Nachtglases nicht daraus schlau werden konnte.

Wieder ein Fuchs! Diesmal kam er in einiger Entfernung von der Kanzel aus dem Hochwald und setzte sich sorgfältig sichernd auf die Keulen. Mit der Flinte war er nicht zu erreichen. Ob er den Luderplatz nicht kannte? Aha, dachte ich, Meister Reineke kann ja auch nicht Witterung haben von der Mahlzeit, die auf ihn wartet. Der Wind steht zu ungünstig.

Ein Glück, daß ich die Büchse mithatte. Ich machte mich schußfertig. Doch als ich ihn gut im Zielfernrohr hatte, schnürte er weiter auf den Graben zu und ließ den Luderplatz links liegen. Bald ist es auch für einen Büchsenschuß zu weit, dachte ich und pfiff. Gleichzeitig stach ich und ließ fliegen. Wieder lag ein Fuchs, der mich in Schweiß gebracht hatte.

Deshalb stieg ich von der Kanzel, um mir die Beute näher anzusehen. Dann stand ich glücklich vor einem strammen Rüden mit herrlichem Winterbalg. So, nun wollte ich aber erstmal das Rätsel des Maulwurfshaufens lösen und ging weiter am Graben entlang. Doch je näher ich dem Rätsel kam, desto geheimnisvoller wurde es. Der vermeintliche Haufen wurde immer größer und größer, und als ich vor ihm stand, war es — die längst verendete Sau.

Der Fuchs hatte Witterung von ihr bekommen und wollte sie vermutlich anschneiden. Mich, den Jungjäger und Benjamin der ganzen illustren Gesellschaft, ausgerechnet mich hatte Diana dazu ausersehen, das Unheil zu verhindern.

Als Franz mit dem Schlitten eintraf, haben wir den Keiler aufgebrochen und fanden den Einschuß tief im Feist des Brustkerns. Am Ausschuß hatte das Geschoß den unteren Blattknochen nur leicht gestreift, aber ein gewaltiges Loch gerissen. Wie das Wild mit dieser Verletzung und bei dem Schweißverlust noch kilometerweit gezogen war, blieb uns ein Rätsel.

Wir hatten stramm zu tun, daß wir die Dreizentnersau auf den glücklicherweise nur niedrigen Schlitten wuchteten und heimbrachten. Es war schon eine stolze Fuhre. Dazu kamen die zwei prächtigen Winterfüchse. Grund genug, daß Franz uns in seiner Bude noch einige steife Grogs braute. Am liebsten wollte er ja das Signal „Sau tot“ über den nächtlichen Gutshof schmettern. Das wäre ganz im Sinne seines Herrn gewesen. Aber das schoben wir doch auf.

Als der Morgen graute, klopfte ich kühn und entschlossen an Willis Schlafzimmertür und berichtete ihm.

Trotz der durchzechten Nacht war er sofort hellwach, zog einen Mantel über sein Nachtgewand und kam in den Wildkeller. Dann maß er Schulterhöhe und Kopf-Rumplänge der Sau.

Dann meinte er tief sinnierend: „Ich kann es immer noch nicht fassen, daß dieser Mordskeiler aus dem Oderbruch — nur von dort kann er kommen — zu uns herübergewechselt ist und dann ausgerechnet dem Gustl vor die Flinte kam, der zum ersten Male hier ist. Und wir warten ein Leben lang darauf."

Seinem Butler gab er die Anweisung: „Franz, dem Staatsanwalt sagen wir nichts, bis er zum Frühstück kommt. Eine anständige Portion Leber gebraten mit Zwiebeln auf den Tisch und neben sein Gedeck den Unterkiefer mit den Waffen. Fertig machen kann er sie sich selbst." Und so geschah's. Das Gesicht des ahnungslosen Dieners der Gerechtigkeit kann man sich vorstellen, als er davorstand.

11

Nach langer Pause der Moorbock — Diana hat mich wieder!

Gewöhnlich greift der Jäger zur Feder, wenn er in Rückschau auf ein schönes Erlebnis im Revier einen glücklichen Erfolg zu melden hat. Wie oft man jedoch vergeblich bis zum letzten Büchsenlicht oder in aller Herrgottsfrühe vor Tau und Tag auf den Bock wartet, wie bisweilen durch eigene Unvorsichtigkeit oder durch die Tücke der Umstände die herrlichste Chance verpatzt wird, das behält man meist für sich in der geheimsten Kammer des Jägerherzens.

So habe auch ich, der „junge" Altjäger, der vor einigen Jahrzehnten im unvergessenen Masuren waidwerken durfte und für den dann lange die Parole „Hahn in Ruh" galt, bis Diana sich wieder seiner erinnerte, lange mit mir kämpfen müssen, bis ich die Geschichte des alten, heimlichen Bocks aus dem Moor, des knuffigen Burschen mit den dolchartigen Stangen zu Papier brachte.

Das Schicksal war mir gnädig, und ich durfte nach langen Jahren der Enthaltsamkeit wieder in Niedersachsen durch ein abwechslungsreiches Revier pürschen, durch Stangenholz vermischt mit einem Gestrüpp von Hollunder, Himbeeren und Weißdorn, unterbrochen durch hochragende Eichenbestände und eine große Pappelplantage. Dazwischen aber gab es viel wildwachsendes Unterholz und eingebettet in das Gehölz, geschützt gegen Ost- und Nordwind, einige kleine Wiesen und Weiden. Also ein Dorado für Rehwild.

Dementsprechend hatte ich eine Menge guter und starker Böcke ausgemacht, die allerdings für mich tabu waren. So saß ich eines

Abends auf einem provisorisch am Sonntagmorgen hergerichteten Hochsitz in der Krone einer uralten Eiche, von dem man einen guten Überblick über das eben beschriebene Herz des Reviers hatte. Die Blattzeit war im Gange.

Auf der Waldwiese zwischen dem „Halbmeier-“ und dem „Vollmeierweg“ hatten sich gerade ein Sechser und ein starker Gabler zu einem Gefecht gegenübergestellt. Den Gabler hatte ich schon öfters beobachtet; es war anscheinend der Platzherr. Und ich erwartete, daß er sein Reich gegen den jungen „Marschierer“ verteidigen würde. Aber die beiden Duellanten waren gerade elegant im Stechschritt aufeinander losgezogen, als sie beide plötzlich wie auf Kommando verhielten, kurz aufwarfen und jeder in der Richtung, aus der er gekommen, in hoher Flucht davonstoben. Auch die Ricke, die neugierig in einiger Entfernung aufgeworfen hatte, war still und heimlich in die Dickung getrollt.

Ich suchte zuerst die Umgebung sorgfältig mit dem Glas ab, in der Hoffnung, irgendwo Freund Reineke als Störenfried des Idylls zu entdecken. Doch nichts da! Dann schwenkte ich ohne besondere Absicht über den an die Wiesen grenzenden Haferschlag, in dem gestern erst in aller Seelenruhe der starke Halbschaufler ruhte, der Beihirsch aus dem Damwildrudel, das uns öfter hier beehrt.

Plötzlich stand wie hingezaubert ein Bock mit fahlgrauem Gesicht mit den Vorderläufen auf dem Grenzrain, so daß er zur Hälfte aus dem Hafer herausragt. Das Bockfieber hatte mich wieder einmal gepackt, und erregt erkannte ich in dem scharf eingestellten Glas das etwas eng gestellte Gehörn, kaum beperlt und fast weiß gefegt wie zwei Dolche die Stangen und so merkwürdig wie bei einem Ziegenbock — Diana verzeih' mir den Vergleich — nach hinten gebogen. Ein kurzer Träger, dazu aber — es ist kaum zu glauben — die Figur eines jungen Spießers. Und er scheint es gewohnt zu sein, daß alles verschwindet, wenn er auf der Bildfläche auftaucht, denn plötzlich beginnt er mit den Läufen und mit dem Gehörn den Erdboden zu bearbeiten, daß die Erdklumpen in hohem Bogen rückwärts fliegen.

Also ein ganz alter Herr mit einer Jünglingsfigur, der irgendwo im Moor seinen Einstand hatte. Die Bauern nannten diesen Teil der Feldmark, der an die „schwarze Heide“ grenzte, heute immer noch so, obwohl er schon lange kultiviert war. Und dieser alte Moorbock tyrannisierte das ganze Revier im Vertrauen auf seine Mörderstangen. Davon konnte ich mich noch öfter überzeugen, nachdem ich vom Revierinhaber die Abschußerlaubnis eingeholt hatte.

Ich zog jeden Morgen vor drei Uhr auf den Ansitz, den ich hinter einer Himbeerhecke an der Grabenböschung hergerichtet hatte, so daß die Waldwiese im Schußfeld meiner Büchse lag. Abends hatte ich von einem Strohhaufen aus, in dem ich in guter Deckung saß, ausgemacht, daß der alte Spießbock im hohen Hafer die Dämmerung abwartete. Man sah aus dem grünen Meer immer nur die Stangen herausragen. Auch wenn der Aufwuchs an einigen sandigen Stellen so niedrig war, daß normalerweise der ganze Wildkörper hätte zu sehen sein müssen, brachte es der alte Heimlichtuer fertig, ungesehen darüber wegzuschleichen. Abends war ihm also nicht beizukommen. Ich konnte es nur morgens versuchen.

Und eines Morgens war es soweit, wenn, ja wenn das Wörtchen „wenn“ nicht gewesen wäre ... Ich war in der Dunkelheit vorsichtig durch den Graben die Böschung hochgekrochen, wo ich durch das Gestrüpp einen Pürschpfad geschnitten hatte, und wartete den ersten Lichtschimmer ab. Nichts Böses ahnend, hielt ich das Fernglas hoch, um sofort für den ersten Anblick gerüstet zu sein. Plötzlich spürte ich dicht vor mir, keine zehn Schritt vor meinem Stand, eine leise Bewegung. Ich stand starr wie die oft zitierte Salzsäule und wagte mich nicht zu rühren. Mein Gegenüber stand im ersten Dämmerlicht ebenfalls wie ein dunkler, unbeweglicher Fleck vor mir.

So ging es minutenlang. Es kam mir wie eine Ewigkeit vor. Inzwischen hatte ich das Haupt mit den spitzen, nach hinten gerichteten Stangen erkannt, und die Arme mit dem erhobenen Fernglas beginnen mir abzusterben. Ganz langsam, millimeterweise, wollte ich sie herunternehmen, denn ich mußte ja an die vor mir stehende Büchse. Aber es war wohl nicht langsam genug. Plötzlich hatte mich der Bock erkannt und warf sich herum. Böh, böh, böh, und zurück preschte er in den Hafer.

Diese erste Begegnung hatte mir der alte Moorbock so übelge-

Der Erpel fühlt sich bei seiner Toilette ganz unbeobachtet.

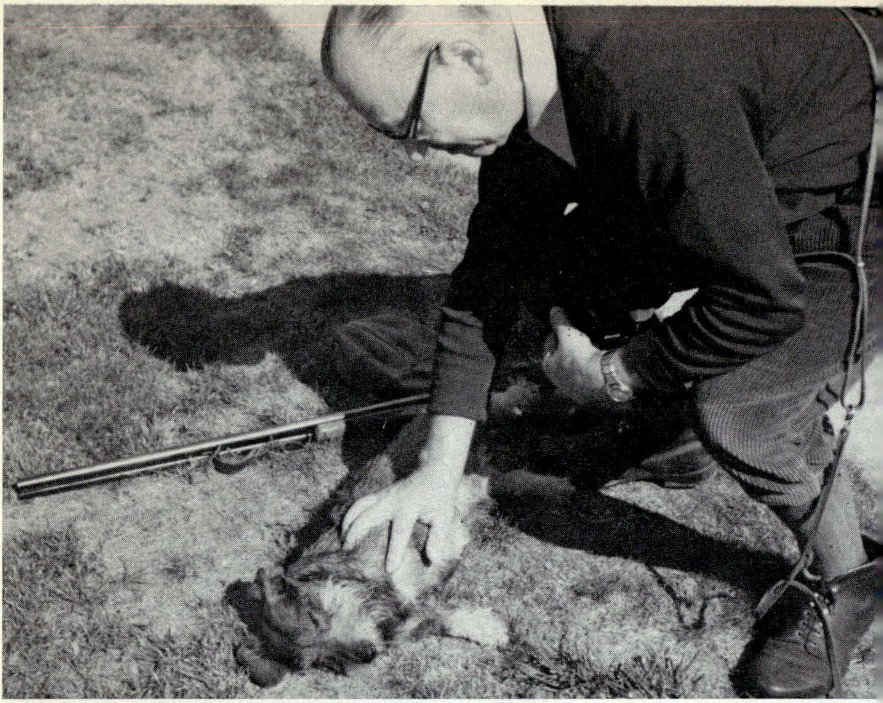

Nach dem Rencontre mit dem Fuchs blieb der Teckel wie durch ein Wunder unverletzt.

Das Gehörn des Bocks, den wir verludert in den Rüben fanden, mit 26,5 cm Stangenhöhe, 23 cm Rosenumfang und 350 g Gewicht.

nommen, daß er sein Revier wechselte. Aber bis ich dahinter kam und seinen neuen Einstand ausgemacht hatte, war die Hälfte meines Sommerurlaubs vorbei. Daß der mißtrauische Tyrann die jungen Böcke auf der Waldwiese jetzt in Ruhe ließ und daß er nicht mehr durch den Haferschlag robbte, hatte ich bald spitz. Zwei Gabler und ein guter Sechser trieben hier ihre Ricken, daß man seine helle Freude daran hatte.

Tagelang pürschte ich durch Moor und Bruch und sah manchen hoffnungsvollen Bock, aber nicht den Alten mit den Mörderstangen. Bis ich eines Tages den rettenden Einfall hatte. Ganz hinten im Revier, nur einige hundert Meter diesseits der Grenze, lag zwischen zwei Mischwaldbeständen mit viel Unterholz und wildwuchern-dem Gestrüpp eine kleine Viehkoppel. Und da konnte noch kein Vieh hinauf, denn der Zuweg, der sogenannte „Vollmeierweg", war durch Windbruchkiefern gesperrt. Dadurch war hier ein wahres Dorado für Rehwild entstanden.

Sollte der alte Griesgram etwa dort sein Unwesen treiben? Ich pürschte eines Nachmittags ganz vorsichtig heran. Die Blattzeit näherte sich ihrem Ende — und auch mein Urlaub. Dementsprechend war auch das Tief meiner Stimmung. Mit einem Schlage wurde jedoch ein Hoch daraus, denn genau in der Mitte der Koppel schimmerte etwas rot im Graswuchs, und als ich das Glas hochnahm, erkannte ich doch tatsächlich die weißschimmernden spitzen Dolche. Hatte sich der alte Schlaumeier hierher zurückgezogen und sich ganz ohne die gewohnte Vorsicht und ohne besondere Deckung in der Koppel niedergelassen.

Es dauerte nicht lange, da schob sich aus der gegenüberliegenden Dickung ein Sechser. Der Alte stürmte wie das Donnerwetter auf ihn los. Man hörte die beiden eine Weile im Holz rumoren. Aber ich wußte, er kommt wieder, und postierte mich etwas in Deckung hinter dem Stacheldraht.

Als mir die Zeit zu lange wurde, nahm ich meine Weichselholzblatte und fiepte ein paarmal aus Langeweile. Auf zweihundert Meter sah ich meinen Bock aus der Dickung auftauchen. Wie ein Fuchs schnürte er dicht an der Dickung schnurgerade auf mich zu. Ich schwitzte Blut und Wasser, denn so spitz konnte ich nicht schießen. Ich hatte ihn zwar im Zielfernrohr, er verhielt, und ich sah direkt in seine grimmig dreinschauenden Lichter. Nur schrittweise kam er langsam näher. Schließlich wurde ihm die Sache nicht geheuer, und auf etwa achtzig Schritt bog er ab, um quer über die Lichtung zu trollen.

Das schien meine Chance zu sein. Ich zog langsam mit und hatte auf einen spitzen Weidenpfahl aufgelegt. Er verhoffte kurze Zeit, und ich ließ fliegen. Doch als ich abdrückte, erkannte ich im Zielfernrohr eine drehende Bewegung und wußte: verpatzt.

Mit einem Stoßseufzer hatte ich schnell repetiert. Doch er warf sich herum und flüchtete in Richtung der gegenüberliegenden Schonung. Ich konnte den zweiten Schuß nicht mehr anbringen und hatte auch kein Zeichen bemerkt. Aber bevor er in der Dickung verschwand, sah ich zu meinem hellen Entsetzen einen Laufschuß vorn links; es gab gar keinen Zweifel. Und das mußte mir passieren bei dem ersten Bock, den ich nach zwanzig Jahren wieder schießen durfte!

Ich will es kurz machen. Es war bald Mitternacht, als ich mich wieder soweit gefangen hatte, um vor den Jagdherrn zu treten und Farbe zu bekennen. Die Nachsuche am nächsten Morgen in aller Frühe mit Dierk, dem Jagdherrn, und seinem Hund blieb ergebnislos, obwohl die Kurzhaarhündin auf dem Anschuß die Fährte gut aufnahm. Dann bekam ich Krach mit meiner Eheliebsten, weil ich mich drei Tage lang nur für einige Stunden Schlaf und zum Proviantholen zu Hause einfand. Am dritten Abend, nachdem ich alle erkennbaren Rehwildwechsel abgepürscht hatte, hörte ich hinten an der Reviergrenze einen Büchsenschuß und wußte: der gilt deinem Bock.

Dicht vor der Grenze, bevor der Alte aus dem Moor ins „Feindliche" hinübergewechselt war, erhielt er von einem Jagdfreund, der sich an der Suche beteiligte, den Fangschuß. Beim Aufbrechen stellten wir fest: Er war mindestens zwölf Jahre alt und ganz gering im Wildbret.

12

Doppelt gebrannt durch beide Gehöre ... — Was wäre die Jagd ohne Füchse?

Zwar nicht ganz zünftig, aber recht treffend pflegte Onkel Karl die Eigenschaften zu charakterisieren, die seiner Ansicht nach ein Dorfschulmeister haben muß, um sich jahrzehntelang gegen die ewig zu Streichen aufgelegten Rangen zu behaupten. „Er muß sein doppelt gebrannt durch beide Ohren wie ein alter Fuchs."

An diese Lebensweisheit muß ich oft denken, wenn ich so manches Mal vergeblich auf Meister Reineke passe, wenn ich sorgfältig den Wind prüfend mir ein gut getarntes Plätzchen ausgesucht habe, in einiger Entfernung von einem Paß, auf dem ich ihn schon im Sommer oft genug ausgemacht hatte.

Mehrmals habe ich dann mit der Quäke Freund Lampes Todeslaut nach allen Richtungen hinausposaunt, so daß die Bussarde schon beutegierig über mir kreisten, und als Jäger sagte einem dann der berühmte „sechste Sinn", daß es gleich soweit war. Dann aber rätschten die Häher und haßten die Krähen weit hinter meinem Rücken in einer Schonung, an die ich nicht gedacht hatte. Aha, der schlaue Altfuchs traute dem Frieden nicht und hatte sich erst Wind geholt.

Und doch, was wäre ein Jägerleben ohne den roten Freibeuter? Es fehlte uns doch eine ganze Reihe schöner Erlebnisse, voll prikkelnder Spannung wie selten bei einer Wildart, weil wir ihn oft erst im allerletzten Augenblick zu sehen bekommen, und voll stolzer Freude, wenn er mit prächtiger Standarte vor uns liegt. Was wäre das Jagdjahr ohne den Ansitz auf den Fuchs? Und was, wenn es tatsächlich gelänge, den Gesundheitspolizisten im Revier durch die umstrittene Vergasung auszuschalten?

Aus einem kleinen Revier mit 500 ha Jagdfläche, durch das die Weser fließt, will ich die Erlebnisse aus zwei Jagdjahren mit Füchsen kurz skizzieren. Um es vorwegzunehmen: In diesem Revier wurden die Fuchsbauten besonders sorgfältig vergast. Trotzdem habe ich in den beiden folgenden Jahren acht Füchse, der Sohn des Revierpächters drei und ein Jagdfreund einen weiteren erlegt, so daß trotz Vergasung ein Dutzend Rotröcke zur Strecke kam.

Meister Reineke hat es mir eigentlich schon immer angetan. Das fing so an: Als Primaner hatte ich in Ostpreußen einmal Gelegenheit, auf den roten Bock mitzugehen. Obwohl kein Büchsenlicht mehr war, standen wir noch am Waldrand und genossen den herrlichen Sommerabend, als plötzlich in der Dämmerung ein neugieriger Jungfuchs an meiner Stiefelspitze windete. Erst als ich zustieß, drückte er sich davon.

Doch zurück nach Niedersachsen! Ende Januar hatte ich mir endlich eine Hasenquäke zugelegt, denn wie früher mit der hohlen Faust, als ich noch gesunde Zähne hatte, klappt es nicht mehr. Zuerst stand ich hinter einer dicken Kiefer vor Meyers Waldwiese bei günstigem Westwind. Nach dreimaligem Quäken kam zwar kein Fuchs, aber eine Ricke mit zwei sehr schwachen Kitzen, die eigentlich geschossen werden mußten. Doch ich hatte nur die Flinte mit.

Ich wechselte einige hundert Meter weiter an die Querverbindung zum Vollmeierweg zwischen den hohen Kiefern. Es ist kaum zu glauben: ich hatte gerade zum zweiten Male „geklagt" und das Instrument kaum weggesteckt, als es auf etwa vierzig Meter über den Schnee huschte. Hinter dem dicken Baumstamm lugte ein Füchslein hervor, vermutlich aus dem Geheck, das vom Muttertier vor der Vergasung gerettet wurde.

Geduld, er muß noch ein bißchen mehr Balg zeigen. Dann mache ich den Finger krumm, und im Schnee liegt ein Jungfuchs mit prächtigem Winterbalg. Aber was hilft's. Weil es die Vorschrift verlangt, muß ich die Spitze der Lunte abschärfen als Nachweis für die Prämie und ihn „einkuhlen", wie es hierzulande heißt.

Drei Wochen später im Februar mußte ich meine Frau Lisa nach Schw. zu ihrer Tante zum Nachmittagskaffee bringen. Mir selbst war es zu langweilig. Deshalb fuhr ich zurück ins Revier. Denn bei dem verharschten Schnee, so dachte ich mir, würde der Fuchs auf die Quäke gut springen, weil er Hunger hat. Außerdem war die Ranz mitten im Gange. Ich hatte mich im Eichwäldchen angesetzt. Hier lag ein Bau, der damals nicht befahren war und den wir zur Vergasung nicht gemeldet hatten. Hinterher hatte ich dann bemerkt, daß Freund Grimbart im Moos nach Eicheln stach. Aber von Fuchsspuren war nichts im Schnee zu sehen.

Trotzdem wollte ich es versuchen. Nach meinem bewährten System hatte ich in Abständen von etwa zehn Minuten dreimal gequäkt und wartete eine gute Viertelstunde. Dann wollte ich abbauen, denn eine gute Tasse Kaffee war bei dem ungemütlichen Ostwind nicht zu verachten. Ich tastete noch einmal die Umgebung ab und erstarrte hinter meiner Eiche, denn im Himbeergerank, kaum zu erkennen im Dämmerlicht, zeigte sich der spitze Fang eines Fuchses. Er äugte genau zu mir herüber. Deshalb riskierte ich keine Bewegung. Er schob sich langsam aus der Deckung heraus und windete. Jetzt nahm ich hinter dem Baumstamm die Flinte im Zeitlupentempo herunter und visierte ihn an. Etwas leichtsinnig war's auf etwa 40 Meter, aber ich riskier's, denn näher kommt er doch nicht. Als es knallt, zeichnet er deutlich, schleppt sich aber langsam bis an den Waldrand.

Ich bin meiner Sache jedoch so sicher, daß ich noch eine Weile stehen bleibe, denn ich sah ihn an der dicken Eiche zusammensinken. Als ich nähertrete, liegt mit bleckendem Fang eine starke Fähe. Es ist noch Leben in ihr. Deshalb gebe ich den Fangschuß. Vermutlich ist es die Mutter des Gehecks, das noch vom Vorjahr im Revier herumgeistert. Als ich mich wieder zur Kaffeetafel zurückmelde, glauben sie alle, es sei Jägerlatein. Aber ich habe ja als Beweis die Spitze der Lunte ...

Es war im gleichen Jahr an einem Juniabend. Eigentlich wollte ich auf den jungen Spießer mit den bleistiftdünnen Stangen und hatte nur die Büchse mit. Aber während ich vor unserer „Wildkammer", vor der Waldwiese zwischen zwei Dickungen, wo immer etwas los ist, meinen gut verblendeten Lieblingsstand bezog, schnürte ganz ungeniert quer über die Wiese ein Jungfuchs und war emsig im Mäusefang vertieft. Dann kam er mir aus der Sicht, denn ich hatte meine Gedanken beim Bock.

Aber ein zweites Mal soll mir das nicht passieren. Eher verzichte ich auf den Bock. Kaum habe ich das gedacht, als das Füchslein zurückkommt und dreißig Schritt vor mir wieder dem Mäusefang nachgeht. Nun muß ich ernst machen und lasse die Büchse sprechen.

Eine Woche später im Juli bin ich eigentlich auf einen „Artverderberbock“ aus, wenn es auch dafür reichlich spät in der Jahreszeit ist. Aber da ich in der Dickung einen Fuchs-Notbau vermute, habe ich sicherheitshalber auch die Flinte dabei. Mit diesem Notbau, auf den ich *nach* der Vergasung erst aufmerksam wurde, hat es folgende reizende Bewandtnis:

In dieser Dickung hatte ich mir mit Blick auf die Waldwiese im Mai einen primitiven Schirm zur Beobachtung des Rehwildes angelegt, saß friedlich da, und genoß den Abend. Das Gras war schon ziemlich hoch, und es lag starker Tau darauf. Schon aus weiter Entfernung hörte ich ein merkwürdiges Geräusch, das immer näher kam. Ich traute meinen Augen nicht, als plötzlich aus dem Gräsermeer der spitze Fang eines Fuchses auftauchte.

Instinktiv griff ich nach der Büchse, ließ sie aber sofort wieder sinken, als ich durch das Glas feststellte, daß der vermeintliche Maulwurf im Fang der Fähe sich als ein niedlicher Fuchswelpe entpuppte. Also Fuchsens beim Wohnungswechsel, und der Notbau lag in der Dickung. Sollten sie etwa aus einem der Baue kommen, die wir zur Vergasung gemeldet hatten?

Um es kurz zu machen: Heute kam aus der Dickung mit dem Notbau ein Jungfuchs, schon voll entwickelt, den ich zunächst mit der Kugel fehlte. Er zog sich verdattert zurück, kam aber bald wieder heraus und schnürte auf mich zu, so daß ich ihn bequem mit der Flinte erreichte. Aber Diana meinte es heute besonders gut mit mir. Es dauerte nicht lange, da steckte ein zweites Füchslein sein Galgenvogelgesicht aus sicherem Versteck. Ich schob noch schnell eine zweite Patrone in die Flinte und stellte dabei fest, daß ich mich zu Hause in der Eile vergriffen hatte. Aber wenn Diana es will, fällt auch der Fuchs mit der Vogelpatrone.

Dann war es mitten in der Blattzeit. Morgens nach ergebnislosem Ansitz auf den Bock, schaute ich vor der Heimfahrt nochmals schnell auf die bewußte Waldwiese mit der Fuchsdickung, und was sah ich? Die Wiese war gemäht und geräumt, und mitten darauf mauste in der Morgensonne ein starker Fuchs mit prächtiger Standarte.

Ich hatte nur das Glas mit; die Büchse lag im Wagen. Ohne mich lange zu besinnen, lief ich zurück. Dabei ging es wohl nicht ganz geräuschlos zu. Denn als ich im Laufen einen Blick zurückwarf, wechselte der Fuchs über den Vollmeierweg in die Dickung. Aber irgendeine Eingebung sagte mir, daß er zurückkommen würde.

Als ich mich mit der Büchse am Weideheck postierte, dauerte es keine Viertelstunde, und er war tatsächlich wieder auf der Wiese, denn die fetten Mäuse schmeckten wohl zu gut. Auf 40 Schritt lag ein wundervoller Birkfuchs, ein strammer Rüde. Sollte es der Stammvater des Gehecks sein, das wir nun glücklich zur Strecke gebracht hatten, denn Dieter, der Sohn des Revierpächters, hatte kürzlich ganz in der Nähe zwei Jungfüchse geschossen. So bliebe nur noch die Fähe übrig, und wir hätten unser Soll erfüllt.

Ja, solch eine alte Fähe hat es in sich. Zweimal war sie mir schon durch eigene Unvorsichtigkeit entwischt. Einmal im Dämmerlicht auf fast 50 Schritt hatte ich sie mit Schrot gefehlt. Eigentlich unverzeihlicher Leichtsinn! Das zweite Mal schnürte sie auf der Waldwiese gerade von der Seite auf mich zu, auf der ich den Schirm nicht genug verblendet hatte. Sie wurde bei meiner ersten zaghaften Bewegung flüchtig. Nach einer halben Stunde tauchte sie beim letzten Büchsenlicht hinter meinem Rücken wieder auf, holte sich Wind und verschwand dann endgültig.

Und eines Abends im August hat mir Diana, diabolisch lächelnd, ein Schnippchen geschlagen. Diesmal hatte ich an alles gedacht. Mein Ansitz war sorgfältig getarnt, den gewohnten Paß der Fähe hatte ich genau studiert, und der Wind stand günstig leicht schräg auf die Dickung zu. Es konnte eigentlich nichts schiefgehen. Lange bevor der Fuchs zu erwarten war, kam ein Mümmelmann ganz gemütlich auf mich zugehoppelt. Ich beobachtete ihn amüsiert und erwartete, daß er mir jeden Augenblick an die Schuhe stieß. Ganz dicht vor mir machte er artig einen Kegel und entfernte sich respektvoll. Diese Episode amüsierte mich so, daß ich für einige Sekunden nicht auf die Umgebung achtete. Da ging plötzlich, heute fast eine Stunde früher als gewohnt, die alte Fähe in langsamen Fluchten über die Blöße, als hätte sie sich mit Mümmelmann verabredet. Für die Flinte war es zu weit, und mit der Büchse traute ich mir den Schuß auf flüchtiges Wild nicht mehr zu. Aus, vorbei! Ich habe sie in diesem Jahr nicht mehr gesehen!

Es war im Februar des nächsten Jahres. Den ganzen Winter über hatte ich kaum einen Fuchs gespürt, die wenigen Tage mit einer Neuen allerdings ausgenommen. Das mochte wohl an dem guten Mäusejahr liegen, denn in der Marsch und auf der Geest war die Grasnarbe von Mäusegängen fast völlig unterhöhlt. Die Füchse waren tagsüber satt und hatten es gar nicht nötig, sich mit der Hasenquäke anführen zu lassen. Alles mögliche hatte ich schon versucht, aber einen Luderplatz wollte ich nicht anlegen. Das ist Geschmackssache!

Deshalb war meine letzte Hoffnung die Ranzzeit. Ich hatte mich am Nachmittag im Moor vor einen Fuchspaß gesetzt, den schon viele Generationen der Familie Reineke entlanggeschnürt waren. Schön geduckt saß ich in einem Graben, aus dem nur mein Hut herauslugte. Der Blick ging über eine weite Wiesenfläche mit hohem Bültengras. Der Wind kam günstig aus West, manchmal drehte er auch nach Süd.

Dreimal habe ich gequäkt. Zum Schluß wimmerte ich den letzten Todeshauch Mümmelmanns so naturgetreu- daß Freund Reineke offenbar nicht widerstehen konnte. Eigentlich hatte ich ihn aus West oder Süd erwartet. Doch weil St. Hubertus es so wollte, ließ ich meine Blicke etwas gelangweilt über die Grasfläche schweifen und glaubte zu träumen, als ich den Fuchs zwischen den Bülten mit erhobener Lunte gegen den Wind stracks auf mich zuschnüren sah. Jeden Augenblick muß er meine Witterung spüren, deshalb wird nicht lange gefackelt, obwohl er spitz auf mich zukommt. Jetzt wird es höchste Zeit, ihm die Schrotladung vor die Läufe zu setzen. Er zeichnet, wendet und geht krank weiter, so daß der zweite Schuß ihn voll erfaßt und rollieren läßt. Als ich vor ihm stehe, ist doch noch etwas Leben in ihm. Aber ein Schlag mit dem Stock auf die Nase genügt. Vor mir liegt nicht die Fähe, sondern ein Rüde.

13

Des Jägers Heimkehr — Die Sache mit dem billigen Hasen

Auf der Strecke lagen vier Füchse mit prächtigem Winterbalg. Dahinter in zwei langen Reihen die Mümmelmänner, die nicht schnell genug waren, ihren Balg zu retten, fünf Schnepfen, einige Häher und Elstern und ein verwildeter dicker Kater, Zuerst wollte der Erleger des vierbeinigen Räubers seine Beute schamhaft beiseitelegen. Aber Hermann Meyer Nummer sechs, der alte Wildschütz, der heute hier die Verantwortung hatte, bestimmte kategorisch: „Der Kater gehört zur Strecke wie jedes andere jagdbare Wild!"

Dann gingen die Jäger in das festlich hergerichtete Klubzimmer des Dorfkruges zum wärmenden Umtrunk und zur wohlverdienten Atzung. Auch Erich, der Jungjäger, der heute im Treiben seinen ersten Fuchs geschossen hatte, fand sich ein, nachdem seine Pflichten auf dem Hof erledigt waren. Außerdem mußte er doch den Bauern Wesemeier würdig vertreten, seinen Chef und Lehrprinzen, der durch eine Familienfeier verhindert war.

In welcher Form das vor sich gehen sollte, darüber war er sich noch nicht im klaren. Aber es würde ihm schon noch etwas einfallen. Selbstverständlich setzte er sich nicht unter die „olen Jägers", sondern gesellte sich zu den jungen Dachsen, wo er auch hingehörte. Die waren schon mächtig aufgekratzt, denn Langes Heini hatte heute seine erste Treibjagd hinter sich und fühlte sich veranlaßt, einige Runden zu schmeißen.

Zunächst mußten sie sich alle zurückhalten, denn der Jagdherr hatte schon ein paarmal mißbilligend herübergeschaut, und der konnte verdammt eklig werden. Ein „antiautoritäres" Verhalten gab es bei ihm nicht. Außerdem wartete alles auf die Ansprache des Jagdkönigs, des Tischlermeisters Heinrich Meier Nummer zwölf, der das seltene Jägerglück einer Fuchsdoublette zu verzeichnen hatte.

Bei den „Olen" und allen, die sich dazu zählten, ging es auch nicht gerade traurig zu. Besonders der junge Robert Müller, der glaubte, weil sein Vater ein großer Nimrod vor dem Herrn war, müsse er auch einer werden — dabei stand er wieder einmal auf der Liste als „Schneider" — der krähte herum und lachte über seine eigenen Witze.

Zu Hause hatte er nämlich überhaupt nichts zu sagen. Er führte zwar ein leichtes Leben, der Robert Müller, er hatte sich nämlich schon in jungen Jahren in ein fertiges Nest gesetzt, hatte eine Witwe mit schuldenfreiem Hof geheiratet und brauchte sich keine Sorgen zu machen. Dafür hatte er die „geizige Martha" zur Frau, wie sie im Dorfe genannt wurde, und die hatte Haare auf den Zähnen.

Der Jagdkönig setzte nun zu seiner Ansprache an. Langsam und bedächtig, wie es seine Art war, formte er Satz für Satz, sprach von dem gnädigen Wettergott, freute sich über die gute Strecke des Tages und erlaubte sich einen kleinen Seitenhieb auf die unberechenbaren Launen Dianas, die einen strammen Fuchsrüden auf Freiersfüßen hinter der Fähe auf seinen Stand zuwechseln ließ. Nur dieser launischen Dame habe er es zu verdanken, daß er hier stehe.

Nach Verlesung der Schußliste hielt der Jagdherr Generalkritik über den Verlauf des Tages, wobei er mit einigen Schlumpschützen hart ins Gericht ging. „Da haben doch wieder ein paar Kerls, die sich Jäger nennen, in das Treiben hineingeschossen, obwohl die Treiber schon auf Schußweite heranwaren. Ich will keine Namen nennen, aber ich werde sie mir merken."

Das war natürlich etwas für die jungen Dachse. Sie steckten die Köpfe zusammen und zeigten schadenfroh auf die Übeltäter.

„Du, der Robert, der Putt-putt-Müller (wie er eigentlich zu diesem Spottnamen kam, wußte keiner genau), der war auch dabei. Sein Vater hatte ihn schon zusammengestaucht. Der darf nicht ungeschoren davonkommen." So sprach Erich erbost zu seinem Tischnachbarn.

Dann gab der Jagdherr bekannt, daß in Anbetracht der guten Strecke jeder der Teilnehmer einen Hasen kostenlos mitnehmen dürfe. Daraufhin gingen die Wogen der allgemeinen Heiterkeit bald haushoch, und es stieg eine Lage nach der anderen. Es wurden viele Reden geschwungen. Und wenn man die Wortführer hörte, standen sie alle mit Diana und dem Heiligen Hubertus auf Du und Du.

Einer der Gäste fühlte sich verpflichtet, an die zu Hause sitzenden Frauen zu denken und leerte sein Glas auf das Wohl der Damenwelt. Doch seine Worte schienen in dem Trubel unterzugehen. Nur eine Stimme krähte: „Kriegst wohl zu Hause eins mit dem nassen Handtuch?" Darauf allgemeines Gelächter.

„War das nicht wieder dieser Angeber, der Putt-putt?" fragte einer der Jungjäger. „Der muß es ja wissen!"

Und sie setzten sich zu einem kleinen Kriegsrat zusammen. Doch erst einmal gab es Wellfleisch und Sauerkraut, und bald herrschte eine Stille wie am Sonntagvormittag in der Kirche. Noch während des Essens verschwand Erich für eine Weile, und sein Kamerad, der Erwin, machte sich auf der Diele zu schaffen, wo die Ausrüstung der Jäger hing.

Bald hatte sich die Gesellschaft verteilt. die meisten spielten Skat oder Doppelkopf, selbstverständlich um einen bescheidenen Einsatz, je nachdem, wie sich die Runden zusammengefunden hatten. Bei den Großgrundbesitzern und solchen, die sich dazuzählten, ging es natürlich um höhere Beträge.

Beim Kartenspiel wurde natürlich kräftig einer zur Brust genommen, wie es so schön heißt, denn für manchen war dies eine der wichtigsten Gelegenheiten, einmal einen über den Durst zu trinken, ohne daß seine „bessere Hälfte" es merkte. Von einigen Unentwegten war man es schon gewohnt, daß sie bis zum hellen Morgen tagten.

Aber so einer war der Robert Müller nicht. Ihm ging der häusliche Frieden über alles. Doch weiß der Deubel, heute schmeckte ihm das Pilsener ausnehmend gut, besonders weil er es nicht zu bezahlen brauchte.

Daß sie heute alle mit ihm immer wieder anstoßen mußten, die jungen Jäger, sogar der Sohn des Domänenpächters, das war ihm fast zuviel der Ehre, denn meist wurde er wenig beachtet. Dazwischen gab es immer einige Doppelstöckige. Oh, da konnte man schon den Sinn für die vorwärtseilende Zeit verlieren!

Bald legten sie die Karten beiseite und stimmten alte Soldatenlieder an. Robert war so aufgekratzt wie selten und trank mit allen Brüderschaft. So kam es, daß sein Maß bald übervoll war und er am Tisch einschlief.

Als ihn jemand aufrüttelte, war es sein Hofnachbar, der Schlomann. Er und seine Frau waren allgemein dafür bekannt, daß sie das Gras wachsen hörten. Am besten ging man ihnen bei einer solchen Gelegenheit wie heute aus dem Weg. Die meisten Jäger waren schon nach Hause gegangen. Nur eine Skatrunde, darunter auch der alte Müller, Roberts Vater, konnte kein Ende finden. „Nun ist aber Zeit für dich! Sonst kommt Martha dich holen", rief der Alte.

Sein Sohn verstand den Wink trotz der umnebelten Sinne. Er schnappte sich seinen Rucksack mit dem geschenkten Hasen, griff nach der Flinte und torkelte hinaus. An der Haustür stand schon der Schlomann und meinte, sie hätten doch denselben Weg. So zogen sie beide heimwärts, schwadronierend und sich gegenseitig Mut machend, denn beide standen ziemlich unter dem Pantoffel.

Wenn sie auch sonst nicht viel miteinander zu schaffen hatten, heute waren sie ein Herz und eine Seele.

„Weißt, Fritz, wenn die meinige zu grantig wird, zeig ich ihr bloß den Hasen, den ich geschossen hab'. Wirst sehen, dann ist sie wieder friedlich." So brabbelte der Robert vor sich hin.

„Aber du hast ja keinen geschossen, du Schneider", krakehlte der Schlomann.

„Und wenn schon, im Rucksack hab ich einen strammen Hasen, der wird uns gut schmecken, ganz gleich, wer ihn schoß."

Aber mit jedem Schritt, mit dem er dem heimischen Herd näher kam, wurde er stiller.

„Nu kiek mal an, euer Franz füttert schon!"

Schlomann, der lange nicht soviel Bier und Wacholder intus hatte wie sein Kumpan, zeigte auf die erleuchteten Stallfenster.

„Deubel nochmal, iss es denn schon so lade?“ Der Müller junior, der Putt-putt-Müller, wäre am liebsten wieder umgekehrt. Er war schon stehengeblieben.

„Robert, ich bring dich bis an die Haustür!“

Sein Begleiter versuchte ihm Mut einzuflößen. Doch er winkte ab. Er wollte von hinten durch den Garten möglichst ungesehen ins Haus und torkelte auf die Glasveranda zu. Der Schlomann hielt sich wohlweislich im Hintergrund und nahm neugierig Dekkung hinter dem Fliederbusch.

„Martha, machst' mal auf?“ Ganz kleinlaut und bescheiden bittet Robert um Einlaß, und sein Mordsrausch ist bald verflogen.

„Kommst du nu endlich, du Sumpfhuhn!“ Die Verandatür wird aufgestoßen, und eine Flut von Kraftausdrücken, die besser verschwiegen werden, bricht über den müden Heimkehrer herein.

Der nimmt seinen Rucksack vom Rücken und stammelt nur: „Da, Täubchen, hab ich einen dicken Hasen für dich mitgebracht und ganz umsonst, kostet garnix.“

Damit scheint das Ungewitter sich erst einmal zu beruhigen, und der Horcher im Busch, der Schlomann, will sich enttäuscht davonmachen. Es scheint so, als ob wieder Friede im Hause herrscht. Der müde Jäger ist wohl ins Schlafgemach eingeschlieft.

Plötzlich kreischt eine Frauenstimme, als ob der Satan selbst in die Stube eingebrochen wäre. Dann Totenstille, und noch einmal kreischt es, als wäre die Hölle los. Die geizige Martha hat erwartungsvoll den Rucksack mit dem so billigen Hasen aufgemacht und zieht statt des angekündigten Sonntagsbratens — einen halb vergammelten Kater heraus.

Was der ahnungslose Robert alles zu hören bekam, das reichhaltige Register an Schimpfworten, das sein bis zum Äußersten gereiztes Ehegespons über ihn hereinbrechen ließ, das verschlug dem Horcher im Fliederbusch fast den Atem. Er erlebte nur noch, daß die Verandatür aufgerissen wurde und der schon halb entkleidete Heimkehrer mit einem Tritt in den Allerwertesten herausflog. Die graue Katze, das letzte Stück der heutigen Strecke, kam im großen Bogen hinterher.

Martha stand mit dem aufgelösten Dutt in der Tür wie eine Rachegöttin und rief: „Sieh zu, wo du bleibst — geh zu deinen

Saufkumpanen und laß dir deine Beute braten!“ Schlomann hatte sich wohlweislich längst aus dem Staube gemacht. Seine Frau war durch den weithin schallenden Krach alarmiert und kam ihm auf halbem Wege entgegen.

So konnte sie einige Stunden später brühwarm und aus eigener Anschauung im Dorf berichten, wie ein waidgerecht erlegter Kater Anlaß zu einem Ehedrama wurde. Aber auf welch wunderlichen Wegen die Beute eigentlich in den Rucksack des Bauern Robert Müller junior geraten war, das wußte auch sie nicht.

14

Auf Ricken in der Wesermarsch — Mehr Rehwild als Hasen

„Haben Sie Lust, bei mir 'ne Ricke zu schießen?"

So fragte mich eines Abends in gemütlicher Runde, als wir nach der Streife auf Fasanen zusammensaßen, Dr. N., der auf seinem Gut in der Wesermarsch wie auf einer Hallig sitzt, auf der bei Hochwasser nur das Wohnhaus und der Hof aus der Flut herausragen. Aber in diesem anomalen Dürrejahr war natürlich nichts dergleichen zu befürchten, und ich sagte mit Freuden zu, zumal sich hinterher herausstellte, daß nach dem Abschußsoll auch noch eine zweite Ricke zu strecken war. Und der Jagdherr ist beruflich so eingespannt, daß er selbst nicht dazu kommt.

Der Rehwildbestand auf Gut W. im Weserbogen mit seinen ausgedehnten Weiden und Ackerschlägen ist weithin bekannt durch seine starken Böcke. Aber ich wußte auch, daß der Jagdherr sein Rehwild pflegte und hegte, wie selten jemand und jedes einzelne Stück kannte. Wehe mir, wenn ich ein falsches Stück schoß!

Mit den besten Vorsätzen studierte ich an einem Januar-Nachmittag die Lage. Kaum hatte ich mich vom Wagen entfernt, stand schon auf 200 Schritt mitten im Raps eine starke Ricke mit einem gut entwickelten Kitz und äugte vertraut zu mir herüber. Laut pfeifend ging ich mit Büchse und Zielstock meines Weges, um mich am Rande eines kleinen Gehölzes vor dem Rapsschlag bei seit Tagen herrschendem Ostwind anzusetzen. Die Ricke ließ sich nicht stören.

Als ich mich etwas umsah, merkte ich, daß ich wenige Schritte vor einer Karnickelburg saß, die von den grauen Flitzern auf einer aus dem Marschboden herausragenden Sandinsel sicherlich schon in grauer Vorzeit angelegt wurde. Wenn ich auch keine Flinte bei mir hatte, so riskierte ich doch hin und wieder einen Seitenblick und hatte meinen Spaß, wenn ein Lapuz vorsichtig die Löffel aus der Röhre streckte und blitzschnell wieder zurückzog. Während ich nach solcher Kurzweil wieder einmal den Blick über den Rapsschlag an der Ricke mit ihrem Kitz vorbeischweifen ließ, traute ich meinen Augen nicht: Über die dahinter liegende Wintergerste wechselten langsam und gemütlich in langgezogener Einzelreihe wie zur Parade sechs, acht, nein elf Stück Rehwild.

Fast im Zeitlupentempo wickelte sich die Prozession 20 Schritt vor mir ab, und ich konnte jedes Stück sorgfältig ansprechen. Die Kitze waren so stark entwickelt, daß ich sie auf den ersten Blick von der Ricke kaum unterscheiden konnte. Die Ricken waren alle glatt und gut im Wildbret, kein irgendwie krankes Stück war dabei. Die Böcke, besonders der Schluß-Mann der Reihe, hatten schon über die Lauscher geschoben. Zweimal, dreimal ging ich mit dem Glas die Reihe lang, bevor sie hinter der Hecke langsam verschwand, und fand kein Stück, dem ich mit gutem Gewissen den Schuß hätte antragen können.

Es dauerte lange, bis ich mich von der Enttäuschung erholt hatte. Als ich in der Dämmerung meine Siebensachen zusammenpackte und zum Wagen gehen wollte, schaute ich auch einmal über das Weideheck auf die Ackerschläge hinter dem Gehölz und erkannte im letzten Licht auf der Saat ruhend sechs Stück Rehwild. Mit leisem Ingrimm überschlug ich, daß ich in diesem Winter auf der Treibjagd in drei Revieren keine siebzehn Hasen zu Gesicht bekam! Also an einem Abend mehr Rehe als Hasen im ganzen Winter.

Drei Tage später hatte es getaut, und der Wind hatte sich nach Südwest gedreht. Auf dem Raps stand schon ein einzelnes Stück, ein starker Bock, wie ich ausmachen konnte. Ich wollte mit dem Wagen umdrehen, um von der anderen Seite den Bock anzugehen. In dem aufgetauten Lehmboden hätte ich mich bald festgefahren. Während ich mit dem Wagen rangierte, warf der Bock kaum auf;

Trapphahn in Balzhaltung, ein Anblick, der dem Jäger nur in den Steppen und auf den weiten Getreideanbauflächen des Ostens zuteil wird. Auch in der ehemaligen Mark Brandenburg gab es einige streng geschützte Brutplätze.

Solange die Fähe ihre Welpen versorgen muß, wird sie vom waidgerechten Jäger geschont. Das ist auch heute ungeschriebenes Gesetz!

Aber wenn Reineke mit prächtigem Winterbalg sich in der Sonne vor seinem Bau räkelt, dann wird nicht lange gefackelt.

ein Zeichen für die Vertrautheit des Rehwildes in diesem Revier abseits vom Verkehr. Als ich mich nach mühevollem Umgehungsmarsch über Stacheldraht und durch Dornenhecken meinem Ansitzplatz näherte, ästen im Raps mehrere große Flüge Wildtauben, Hunderte von Ringeltauben. Und ich hatte wieder die Flinte nicht mit. Aber das nächste Mal.

Die Tauben nahmen meine ganze Aufmerksamkeit in Anspruch. Bald baumte ein Flug über mir auf, ein nächster setzte sich auf den Raps, und ich litt ohne Flinte Tantalusqualen.

Fast hätte ich nicht aufgepaßt. Quer über die Wintergerste kam auf dem gleichen Wechsel wie vorhin der Bock ein einzelnes Stück Rehwild. Ich erkannte im Glas eine nichtführende Ricke. Für einen sicheren Schuß war es noch viel zu weit. Ich überlegte fieberhaft: sollte ich es wagen, wenn sie näherkam?

Eine Geltricke zu finden ist gar nicht einfach. Andererseits weiß ich, daß man ruhig ein nicht führendes Stück, das vielleicht ein oder mehrere Jahre nicht gesetzt hat, oder sein Kitz in den ersten Lebenstagen umkommen ließ, als Geltricke passieren lassen kann.

Bei diesen Überlegungen war die Ricke langsam äsend in Schußnähe gekommen. Ich hatte sie schon im Zielfernrohr. Sie zog aber immer weiter. Erst als sie hinter einem Dornengebüsch aus meiner Sicht kam, verhielt sie, um sich am Raps gütlich zu tun. Ich mußte hinter dem Gebüsch hervor ganz sachte mit meinem Zielstock hinaus aufs freie Feld. Es gelang mir, unauffällig in Stellung zu gehen. Ich stach; das Stück warf auf und brach mit Hochblattschuß im Feuer zusammen. Es war eine starke Ricke mit verkümmertem Gesäuge, wie ich zu meiner Beruhigung feststellen konnte; beim Aufbruch zeigte es sich, daß die Tracht leer war.

Für den nächsten Ansitz hatte ich mir die Genehmigung des Jagdherrn zum Taubenabschuß eingeholt und wollte beides miteinander verbinden. Nach reiflicher Überlegung setzte ich mich diesmal an der Spitze des Gehölzes an, damit der eventuell hinter meinem Rücken auftauchende Sprung Rehwild beim Durchwechseln nicht Witterung von mir bekommen konnte. Und dieser Gedanke war goldrichtig, wie sich zeigen sollte.

Aber erst schenkte ich meine ganze Aufmerksamkeit den Ringeltauben, die sich heute nicht niederlassen wollten.

Kein Wunder, denn unter den Pappeln und Eichen hatte ich keine Deckung nach oben. Ein Flug kreiste lange in der Luft; zu weit für die Schrote. Dann ging er nieder. Und als ich ganz langsam, zentimeterweise in Anschlag gehen wollte, mußte ich mich unter eine Föhre stellen. Gedacht, getan. Der erste Vogel klatschte auf die Erde. Leider hatte ich von hier aus keine gute Sicht auf den Raps.

Aber ich wollte mindestens noch eine zweite Taube herunterholen. Für den Rickenabschuß hatte ich noch vier Tage Zeit. Von allen Seiten hörte ich die Flüge in der Luft. Aber heute schien sie der Raps nicht zu locken. Schließlich gab ich auf.

Ganz vorsichtig schob ich mich wieder an den Rand des Stangenholzes. Fünfzig Schritt vom Gehölz äste ein Sprung von sechs Stück, derselbe, den ich neulich auf der Saat sah. Sie waren, während ich auf die Tauben paßte, an mir vorbei durch das Holz gezogen. Nun hieß es ruhig Blut bewahren und keine verdächtige Bewegung machen!

Glücklicherweise hatte ich noch so viel Licht, um jedes Stück sorgfältig durch das Glas anvisieren zu können. Zwei Böcke im Bast waren darunter, eine Ricke mit zwei Kitzen, die sich an der Mutter hielten, aber gut im Wildbret waren, und schließlich ein Stück, das immer etwas abseits vom Sprung blieb. Es schien nicht ganz so glatt in der Decke zu sein wie die übrigen, war etwas struppig in der Flanke und zeigte einen langen Träger. Mittlerweile waren sie äsend langsam auf die Wintergerste gewechselt, und ich mußte handeln, wenn es nicht für einen sicheren Schuß zu weit sein sollte.

Als ich steche, werfen alle sechs auf, und der ganze Sprung zieht sich mißtrauisch sichernd zusammen. Auch das Stück, auf das ich es abgesehen habe, ist verdeckt. Ich stehe stocksteif da, mit Schweißtropfen auf der Stirn, und es dauert fast eine Ewigkeit, bis sie sich äsend wieder auseinanderziehen und die alte Ricke frei steht. Nach dem Knall schlegelt sie noch etwas. Leberschuß. Ich hatte Glück. Die Ricke war sieben bis neun Jahre alt, aber ich nahm mir doch fest vor, niemals mehr mit dem Rickenabschuß bis in den Januar zu warten!

15

Alles um einen Fuchs — Immer kam es anders

Kurz vor Beginn der Jagd auf den Bock saß ich einmal vor unserer „Wildkammer", einer zwischen zwei Gehölzen mit gemischtem Bestand idyllisch gelegenen Viehkoppel, die um diese Jahreszeit noch unbesetzt war. Ich hatte nichts anderes im Sinn, als die Böcke zu begutachten. Das Ganze bildete ein auf drei Seiten geschlossenes Rechteck, und an der offenen Seite hatte ich gut getarnt in einem Strohhaufen meinen Sitz.

Das erste Rehwild stand am Dickungsrand wählerisch knabbernd, darunter auch zwei Böcke, bevor es sich zum Austreten entschloß. Neben mir an der offenen Seite, die ich nicht beachtete, schloß sich ein großer, noch grüner Haferschlag an, der zur Zeit für das Rehwild uninteressant war. Ich bemühte mich gerade konzentriert, einen der Böcke mit starker Krone anzusprechen, als ich im Hafer ein merkwürdiges Geräusch hörte, als ob jemand mit den Gummistiefeln durch die bis zu den Waden reichende Saat streift.

Doch weit und breit war kein menschliches Wesen zu entdecken. Inzwischen forderte das Rehwild meine ganze Aufmerksamkeit. Ich zählte die herausgetretenen weiblichen Stücke. Doch das merkwürdig ziehende Geräusch im Hafer kam immer näher. Krampfhaft suchte ich mit dem Glas die grüne Fläche ab und entdeckte, daß eine Bahn der sich teilenden Halme auf meinen Sitz zusteuerte.

Es war ein Fuchs, offensichtlich eine Fähe, die an ihrer Beute schwer zu schleppen hatte. Fast glaubte ich sie schnaufen zu hören.

Schnurgerade wenige Schritte von mir arbeitete sie sich mühsam durch das Halmenmeer in Richtung aufs Stangenholz. Und was hatte sie als Beute im Fang? Eine dicke Bisamratte von den Ausmaßen eines nicht ausgewachsenen Karnickels. Das nächste Bisamvorkommen in einem Wassergraben an der Reviergrenze war bald zwei Kilometer entfernt!

Ich war damals eigentlich froh, daß die Fähe alle Vergasungsaktionen und auch das Sprengen des Baues in einem entfernter liegenden Eichenwäldchen überstanden hatte. Fünf Jungfüchse hatten sich vor den giftig meldenden Jagdterriern aus dem Bau gedrückt und kamen waidgerecht zur Strecke, aber die Fähe war uns trotz aller Bemühungen entkommen. Und dieser mehrmals beschossene und dreifach „gebrannte" rote Freibeuter sorgte jetzt dafür, daß seine Sippe trotz aller bürokratischen Verordnungen nicht ausstarb.

„Ein paar müssen überbleiben", sagten die Bauern im Revier, „damit die Mäuse in der Feldmark nicht überhandnehmen."

Und bald konnten wir eine Invasion von Graureihern von der einige Kilometer entfernten Weser auf die Felder und Wiesen feststellen, die in gut ausgerichteter Phalanx fast täglich den Anstand auf die lästigen Nager bezogen. „Sehen Sie, die Natur hilft sich selbst", pflegte ich dann zu sagen.

Aber einige Monate später dachte ich doch anders. Inzwischen war ringsum in allen Nachbarrevieren Tollwut festgestellt. In einer Gemarkung, die allerdings eine Meile entfernt war, hatte man sogar verendetes Rehwild gefunden. Der Untersuchungsbefund aus Hannover lautete in allen Fällen auf Tollwut. Nur unser Revier, d. h. das Revier, in dem ich dank der Großzügigkeit des Inhabers Jagdrecht habe, blieb verschont.

Erbarmungsloser Fuchsabschuß war von jetzt an die Parole, der durch die Prämie von 30 DM je Stück von Amts wegen schmackhaft gemacht wurde. Der Erfolg war der, daß nochmals vier Jungfüchse aus dem Stangenholz, in das die Fähe mit ihrer Beute eingewechselt war, zur Strecke kamen. Der Bau selbst war in dem undurchdringlichen Dickicht des Unterholzes nicht zu erreichen. Das Muttertier jedoch und auch der Rüde wurden im selben Jahr nicht mehr gesehen.

Im nächsten Jahr saß ich in der Blattzeit an der gleichen Stelle, diesmal in einem sorgfältig verblendeten Schirm, denn es galt einem Abschußbock. Auf der einen Seite hatte er die Stange eines zurückgesetzten Sechsers, auf der anderen eine richtige Gamskrucke. Ein paarmal war er mir schon dicht an der Reviergrenze vor Aufgang der Jagd begegnet. Jetzt wollte ich ernstmachen. Überall knisterte es im Holz. Rehwild war unterwegs, und ich leuchtete erwartungsvoll mit dem Fernglas den gegenüberliegenden Dickungsrand ab, als ich wie elektrisiert zusammenzuckte.

Auf gut hundertzwanzig Meter ragte aus dem fahlen Buschgras der Fang eines Fuchses heraus, der mißtrauisch die Lage peilte. Das ist bestimmt kein Jungfuchs, dachte ich. Meister Reinecke setzte sich auf die Keulen und machte gar keine Anstalten, die sichere Dekkung zu verlassen. Als ich mäuselte, sicherte er nur argwöhnisch herüber und rührte sich nicht.

Sollte ich schießen und mir den Bock vergrämen? Ach was, ich riskierte es und nahm im Zeitlupentempo die Büchse hoch, als er sich mit wehender Standarte empfahl. Dann fiel es mir ein: Das war bestimmt die alte erfahrene Fähe, die uns schon oft genarrt hatte.

Am nächsten Morgen in aller Frühe saß ich an der gleichen Stelle, und all mein Sinnen und Trachten galt diesmal dem Fuchs. Aber Diana hatte es anders beschlossen. Quer über die Waldwiese, „duselnd" im wahrsten Sinne des Wortes, kam der Gamskruckenbock mir so schußgerecht, daß mir nichts anderes übrig blieb als den Finger krumm zu machen. Mit der roten Arbeit wartete ich, bis die ersten Sonnenstrahlen auf die Kiefernstämme fielen, denn wenn der Tag schon so gut anfing. Vielleicht steckte irgendwo wieder der Fuchs in der Dickung. Denn genau in der Mitte der Wiese, entlang dem Trenndraht zwischen beiden Koppeln, wo das Gras kniehoch stand, war sein täglicher Paß, wie ich inzwischen ausgemacht hatte. Aber wahrscheinlich hatte er mich schon längst spitzgekriegt.

Dem Jagdherrn, der beruflich in der Woche gebunden war, hatte ich — etwas leichtfertig allerdings, wie sich bald herausstellen sollte — das Versprechen gegeben, keinen Bock mehr zu schießen, bis die Fähe lag. Aber so ist es, wenn man das Glück erzwingen will. Ich saß noch manchen Abend und hatte Böcke im Fernglas gehabt mit Kronen, die ich noch nie im Revier zu Gesicht bekam, mit einem richtigen Tulpengehörn, wie es hier an der Weser bisweilen vorkommen soll, und einmal sogar ein ungerader Achter mit Stangen, daß es mir den Atem verschlug. Aber der Fuchs tat mir nicht den Gefallen.

Schließlich hatte ich für einen alten Spießer, der eigentlich schon vor der Blattzeit erlegt werden sollte, eine Sondergenehmigung zum Abschuß, um auf andere Gedanken zu kommen. Erwartungsfroh setzte ich mich bei günstigem Wind in entsprechender Entfernung vor den bewußten Trenndraht mit dem Fuchspaß, denn hier hatte auch der „alte Geheimrat" zur Zeit seinen Einstand.

Aber es kam ganz anders. Zuerst trat aus der Dickung hinter mir eine schwarze Ricke mit zwei hellroten Kitzen aus, ich freute mich an dem Anblick der friedlich äsenden Tiere. Ganz in Gedanken strich ich mit dem Fernglas die gegenüberliegende Dickung ab und glaubte zu träumen. Ich kniff mir in die Nase — das konnte doch nicht sein! Dort stand genau die gleiche schwarze Ricke mit zwei Kitzen der gleichen hellroten Farbe. Die beiden Muttertiere zogen langsam äsend aufeinander zu und vereinigten sich bald mit ihrem Nachwuchs zu einem unvergeßlichen Bild. Nur schade, daß ich keine Kamera mit Teleobjektiv dabeihatte.

Dann sicherten alle sechs beunruhigt zur Dickung hin und standen minutenlang wie die Bildsäulen. Auch ich wagte mich nicht zu rühren und schielte vorsichtig nach beiden Seiten, denn jeden Augenblick konnte der Bock kommen. Hochspannung herrschte auf allen Seiten, aber lange geschah nichts, und endlich begann das Sextett wieder zu äsen.

Im letzten Büchsenlicht erschien der Bock in guter Schußposition. Ich wollte ihn nur noch einmal genau ansprechen und dann stechen. Dabei sah ich im Zielfernrohr dicht hinter dem Bock, als hätte er nur auf den Moment gewartet, ihn als Deckung benutzend, einen Schatten über die Blöße huschen. Es war der Fuchs. Sofort verschwand er im Unterholz und mit ihm der Bock. Nach diesem Meisterstück der Fähe schwor ich mir hoch und heilig, nun endgültig Ernst zu machen und mich nur noch dem Fuchsabschuß zu widmen. Vor jedem Ansitz studierte ich sorgfältig die Windrichtung. Meine Witterung durfte nicht in die Dickung dringen, aus der ich den Fuchs erwartete. Sie durfte aber auch nicht in das Schußfeld hineinstreichen. Und manches Stück Rehwild blieb in jenen Septembertagen unbeschossen, obwohl es wie auf dem Präsentierteller stand.

Dann kam eine Zeit, in der die Bauern wegen der Dürre und der damit verbundenen Weideknappheit ihre Milchkühe auf die Waldwiese bringen mußten, und ich ging in anderen Teilen des Reviers dem Waidwerk nach. Doch der durchtriebene Fuchs in der „Wildkammer" kam mir nicht aus dem Sinn.

Endlich am letzten Oktobertag war es soweit. Der Wind strich in die Dickung hinein, aus der Reinecke bisher immer gekommen war. Deshalb hatte ich mich weit vor den gewohnten Paß gesetzt. Umgestürzte Kiefern von der Sturmkatastrophe des Vorjahres boten eine gute Tarnung nach allen Seiten. Aber die freie Wiesenfläche, bis auf den letzten Grashalm von Kühen und Rindern abgeweidet, blieb diesmal den ganzen Abend über leer. Höchstens daß ein Mümmelmann sich hungrig an der dürftigen Grasnarbe versuchte.

Die Sonne war schon längst untergegangen, und es begann zu dunkeln. Ich hatte eben probiert, ob das Licht für einen Büchsenschuß noch ausreichte. Es hat keinen Sinn mehr, dachte ich und packte meine Siebensachen zusammen. Mein Rauhhaarteckel, der sich beim Ansitz immer mucksmäuschenstill verhält, kennt das schon. Dann beginnt er sich zu räkeln. Er weiß, jetzt kann er sich endlich einmal die Behänge um den Fang schlagen.

Doch irgendein Instinkt veranlaßte mich diesmal, den Hund noch kurz zu halten. Bevor ich die Büchse entlud, sah ich quer über die Wiese einen langen schwarzen Schatten schleichen. Ein kurzer Pfiff, und im Zielfernrohr erkannte ich den verhoffenden Fuchs. Dann stach ich, und er stand immer noch. Im Feuer war sie wie weggewischt, die alten listenreiche und so überaus vorsichtige Fähe. Und als ich vor sie trat, tat es mir fast leid.

16

Ein Pech kommt selten allein — Zum Schluß lag der falsche Bock

Soviel Enttäuschungen und ärgerliche Zwischenfälle wie beim diesjährigen Bockabschuß hat es in meinem langen Jägerleben nicht gegeben. Ich will nicht alles auf die unberechenbaren Launen unserer Schutzgöttin schieben. Zu einem großen Teil hat es wohl an mir selbst gelegen. Ich mußte nämlich wie so viele tausend Jäger auf Erlaubnisschein das Revier wechseln, und zwar kam ich aus einer Jagd mit erheblichem Waldanteil und idyllischen Wiesen zwischen den Gehölzen in ein reines Feldrevier, in die Weser-Marsch, in der leider von Jahr zu Jahr mehr Hecken abgeholzt werden.

Dabei fing es so hoffnungsvoll an. An einem Junimorgen war ich nur einmal schnell ins Revier gefahren, um eine frisch aufgestellte Kastenfalle zu kontrollieren. Ich trug nur die Flinte mit mir. Es war auf dem „Nachtigallenweg", wie ihn meine Jungen nennen, ein Feldweg von Hecken umrahmt, in denen im Frühjahr die Nachtigallen schlagen. Jedesmal, wenn ich hier vorübergehe, frage ich mich, wie lange uns dieses Idyll noch erhalten bleiben wird.

Zu beiden Seiten wogte hohes Getreide. Rechts war es ein Haferschlag, der nach Süden von einem in den Weserkanal führenden Graben begrenzt wird. Nach Osten schlossen sich Viehweiden an. Ich fuhr ganz langsam mit schleifender Kupplung und nahm wie elektrisiert das Gas weg, denn keine vierzig Schritt vor mir in der Hecke saß ein Bock, saß und döste vor sich hin. Am Graben äste ein Schmalreh.

Herrgott nochmal, das war doch der gute Sechser, der „Bilderbuchbock“, der im vergangenen Sommer an der Reviergrenze im Weizen stand. Er trug ein auffallend hohes, kapitales Gehörn, gut handbreit über die Lauscher und er begann schon etwas zurückzusetzen. Mit den Jägern der angrenzenden Reviere war verabredet, diesem Bock auf jeden Fall noch einige Jahre zu geben.

Auf der anderen Seite des Grabens war Meyers Hermann beim Heuwenden, was bekanntlich mit erheblichem Geräusch verbunden ist. Etwa hundertfünfzig Schritt davon saß der Bock. Das konnte doch nicht mit rechten Dingen zugehen. Ich hatte die Wagentür leise geschlossen und richtete mich auf, als er endlich absprang. Doch bewegte er sich langsam und schonte den Vorderlauf. Das Schmalreh ging in hohen Fluchten vorweg, und der Bock hinkend hinterher, bis das hohe Riedgras am Graben über dem Gehörn zusammenschlug. Ich hatte Zeit genug, das Trauerspiel durchs Fernglas zu verfolgen.

Man kann sich denken, welche schwarzen Gedanken wir am Abend bei der Besprechung mit dem Revierpächter hegten, dessen Stolz dieser Bilderbuchbock war. Im Geiste gingen wir alle Jäger durch, mit denen die bewußte Verabredung getroffen war. „Wer schießt denn auf solch einen Bock jetzt vor der Blattzeit? Der sollte sich doch noch einige Jahre vererben. Aber mit krankem Lauf kann er nicht beschlagen. Wenn er Ihnen jetzt kommt, schießen Sie ihn.“ Das war die Parole für mich.

Und ich muß zu meiner Schande gestehen, daß ich jetzt nichts anderes mehr dachte als: „Das wäre der Bock deines Lebens.“

Abend für Abend saß ich in diesem Revierteil. Je nach dem, wie der Wind kam, einmal in der Hecke am Graben, in dem er damals verschwunden war, dann wieder hinter einem dicken Eschenstamm, hinter dem ich mich nicht zu rühren wagte, oder vor der Querhecke, an der mir schußgerecht ein Jungfuchs kam, ohne daß ich den Finger krummachte.

Als ich einmal in der Blattzeit abends etwa einhundertfünfzig Meter vom Graben entfernt hinter einem Dornbusch saß, trat das Schmalreh, das anscheinend den alten Galan treu und anhänglich begleitete, aus der Hecke. In äußerster Konzentration tastete ich mit dem Glas die Umgebung ab. Da schob sich, langsam nach allen

Seiten sichernd, ein Wildkörper aus dem Buschwerk. Es war schon das letzte Büchsenlicht, aber selbst gegen den dunklen Hintergrund konnte ich die hohen, blankgefegten Stangen ausmachen und erkannte den schonenden Gang. Das war er, aber er stand zu weit bei dem knappen Licht.

Daraufhin verdoppelte ich meine Anstrengungen, saß jeden Morgen eine Stunde vor Tagesgrauen und abends bis in die Dämmerung. Ich kreiste die kleine Wiese, in der ich den Schlauberger zuletzt sah, systematisch ein, soweit es die oft knappe Deckung zuließ. Aber er blieb verschwunden. Auch eine Rückfrage in den Nachbarrevieren ergab nichts. Nur das Schmalreh, seine — fast möchte ich sagen — platonische Liebe, sah ich jedes Mal, wenn ich in diesen Revierteil kam, suchend herumirren, bis ich es im September streckte.

Um auf andere Gedanken zu kommen, hatte ich mich eines Abends noch vor der Blattzeit in der Marsch zwischen der viel befahrenen Kreisstraße und dem Weserkanal angesetzt, einige hundert Meter von der Reviergrenze entfernt. Hier sind die Hecken — bisher jedenfalls — noch alle erhalten geblieben, und jede der kleinen Wiesen ist von hohem Dornengestrüpp umrahmt. Ein Dorado für den Fasan, der hier ungefährdet alljährlich seine Gesperre großzieht, aber für die Pürsch und den Ansitz nicht einfach, denn man sieht ja nicht, was auf der anderen Seite der Hecke vor sich geht.

So ist es mir einmal passiert, daß ich vor der Hecke saß, in die ich mir ein kleines Fenster geschnitten hatte, und einen prächtigen Winterfuchs auf der anderen Seite unbeschossen auf vier Schritt passieren lassen mußte, weil ich mit der Flinte trotz aller Körperverrenkungen nicht durch das dichte Gestrüpp hinlangen konnte.

Wegen des Nordwindes hatte ich mich mit dem Rücken zur Reviergrenze gesetzt und blickte auf eine größere, noch ungemähte Wiesenpartie. Zwischen den Rispen des auf die Mahd wartenden Grases konnte ich die Lauscher von friedlich ruhendem Rehwild ausmachen und bemühte mich, mit dem Glas festzustellen, ob nicht irgendwo auch ein Gehörn dazugehörte.

In der Esche über mir war ein Flug Wildtauben eingefallen. Aber ich widerstand der Versuchung, denn nach anderem stand mein Sinn. Erst wollte ich das Rätsel des Wildidylls vor mir lösen. Plötzlich zeterten die Drosseln in meinem Rücken. Ich drehte mich ziemlich verdutzt ohne besondere Vorsicht um, denn was konnte schon aus der Grenzhecke kommen? Außerdem trug der Wind meine Witterung nach hinten.

Doch dann erstarrte ich, wie man so schön sagt, zur Salzsäule, und nahm im Zeitlupentempo den Fernstecher an die Augen. Stand doch da, mit dem halben Körper in der Hecke, nur mit dem Haupt heraussichernd, ein Bock. Aber was für ein Bock! Drei völlig gleichmäßige Stangen hatte er auf und keine Enden daran. Ich mußte die Augen zukneifen, denn das konnte doch nicht sein. Es war ein Abschußbock, wie er dem Jäger nur einmal im Leben kommt. Und das auf höchstens sechzig Schritt, einige Längen weit rechts, so daß ihn meine Witterung noch nicht traf.

Gegen den Bock war ich durch eine kurz gehaltene Querhecke gedeckt. Aber ich durfte mich nicht aufrichten, mußte also sitzend die Büchse auf meinem eigens konstruierten Zielstock in Anschlag bringen. Andere Auflagen gab es nicht. Jetzt begann er an der Hecke entlangzuziehen. Es konnte nicht ausbleiben, daß er Witterung von mir bekam. Ich hatte ihn noch nicht im Zielfernrohr, als er auch schon aufwarf und wie ein Spuk zurück in die Hecke verschwand.

Ich saß zunächst wie gelähmt da. Dann beschloß ich, Stellungswechsel vorzunehmen und bis zum letzten Büchsenlicht zu warten. Aber der Dreistangenbock kam nicht mehr, die Chance war verpaßt. Doch ich hoffte auf die bevorstehende Blattzeit. Als die Böcke zu treiben begannen, hatte ich mich sofort eines Abends an der gleichen Stelle angesetzt; dieses Mal mit Blickrichtung auf den vermutlichen Wechsel des Bockes und besser verblendet.

Zum gleichen Zeitpunkt wie damals, kurz nach neun, begannen wieder die Drosseln zu schimpfen, und ich hatte schon die Büchse im Anschlag. Da klappte zweihundert Meter hinter mir am Weideheck, wo ich mein Auto abgestellt hatte, eine Wagentür. Der Besitzer der Wiese war gekommen, um nach seinem gewendeten Gras zu sehen. Böh, böh, böh, und ab ging der Bock.

Anhand von Aufzeichnungen in meinem Jagd-Tagebuch will ich die Geschichte des Dreistangenbocks kurz rekapitulieren.

An einem Juliabend mußte ich wegen aufziehenden Gewitters auf den Ansitz verzichten. Auf der Heimfahrt hatte ich von der Kreisstraße aus kurz über das Weideheck einen Blick durch das Glas auf meinen sonstigen Ansitzplatz unter der Esche geworfen. Auf einem schmalen Streifen zwischen zwei von Rindern besetzten Wiesen äste in aller Gemütsruhe ein Bock. Das wird doch nicht. Tatsächlich er war es, der alte Schlaumeier mit dem Dreizack.

Am nächsten Abend hatte ich mich nach den gestrigen Beobachtungen sehr zeitig angesetzt, denn gestern war es 20 Uhr, als ich den Bock wahrnahm. Aber wegen des SW-Windes hatte ich mich hinter einen Weidenstamm am Grenzdraht gegenüber der Hecke gedrückt, aus der ich den Bock erwartete. Ich saß zweieinhalb Stunden, ohne mich zu rühren, bis ich einen Wadenkrampf bekam. Aber außer zwei Ricken mit je zwei Kitzen kam kein Bock. Vermutlich war ich doch zu wenig gedeckt, und er hatte mich schon vorher eräugt.

Drei Tage später mußte es eigentlich klappen. Bei sehr günstigem Wind hatte ich mich an der alten Stelle vor dem oft beobachteten Wechsel des Bockes hinter der kurz geschorenen Hecke angesetzt. Kurz vor 20 Uhr, als der Bock zu erwarten war, brach plötzlich auf der benachbarten Wiese ein Jungbulle durch den schadhaften Zaun, und die ganze Herde kam angejagt. Um die entstandene Unruhe zu dämpfen, mußte ich den Störenfried mit meinem Sitzstock zurückschlagen und brach dabei die Krücke ab. Eine Stunde später sah ich den Dreistangenbock hundert Meter weiter westwärts als sonst entlang der Hecke trollen, ohne zu verhalten. Er war durch das Manöver mit den Bullen vergrämt worden.

So ging es fort, bis ich an einem Augustabend nach der Blattzeit feststellen mußte, daß anstelle des Dreistangenbocks jetzt ein junger, sehr starker Gabler auf dem Platz erschien, der sich sofort verdrückte, als er von mir Wind bekam. Außerdem waren nach der Heuernte alle Wiesen ringsum von Milchvieh und Mastbullen besetzt, so daß ein Büchsenschuß zwischen den unübersichtlichen Hekken ein bodenloser Leichtsinn gewesen wäre. Das war auch einer der Gründe, warum sich der beruflich stark in Anspruch genommene Jagdherr nach reiflicher Überlegung zum Bau von einigen Ansitzleitern in den Baumkronen entschloß. Aber wir mußten sie erst bauen, und bis es soweit war, versuchte ich mein Heil anderwärts.

In der Marsch nördlich der Kreisstraße, auf der in den Abendstunden der Verkehr fast so dicht rollt wie auf einer Autobahn, hatte ich endlich zwischen zwei Rübenschlägen eine große Wiese gefunden, von der das Weidevieh abgetrieben war. Von der Straße führte als Begrenzung eine dichte Hecke einige hundert Meter weit zu einem Graben, der von Brombeerranken und Dornengestrüpp völlig zugewachsen war.

Eine Büchsenschußweite entfernt hatte ich mich gut verblendet in die Hecke gesetzt, denn schon vom Wagen aus sah ich in der Ecke Rehwild, das sich bald drückte. Auf einer Wiese hinter mir dicht an der Straße ratterten die abendlichen Melkmaschinen. Trotzdem trat bald wieder ein Schmalreh aus der Deckung. Etwas später kam eine Ricke mit zwei Kitzen. Das Wild äste vertraut, ohne von dem Lärm Notiz zu nehmen.

Es war Anfang September, und die Abendsonne lag mit vollem Schein auf dem Gestrüpp des Grabens. Da schob sich plötzlich aus dem Graben ein hellbrauner Wildkörper, ein Bock, ein noch junger Gabler mit buntem Gesicht. Er sicherte mitten im Sonnenlicht nach den Melkmaschinen herüber. Das Gehörn war sehr eng gestellt, ohne Perlung, aber mit zwei völlig gleichmäßigen, dolchartigen Gabelenden. Es reichte handbreit über die Lauscher.

Der Bock hatte das übrige Rehwild eräugt und machte ein paar Fluchten darauf zu. Aber im Nu war die Bildfläche wie leergefegt. Nur ein Kitz verweilte noch etwas, bevor es in der Hecke verschwand. Nanu, was war denn das? Der Gabler stürmte auf das kleine Wesen zu und begann erst zu äsen, als das Kitz den anderen gefolgt war.

Dasselbe Spiel wiederholte sich am nächsten Abend. Zuerst stand friedlich äsendes Rehwild in dieser Ecke, in der sich das Wild an den vorbeibrausenden Verkehr schon gewöhnt hatte. Ein geringer Spießer war dabei, aber wenn der Gabler mit seinen Dolchstangen im Graben entlanggeschlichen kam, dann verdrückte sich alles, und er war allein auf weiter Flur.

Als ich über meine Beobachtungen dem Jagdherrn abends bei unserer gewohnten Besprechung berichtete, waren wir uns einig:

der Unruhestifter mußte weg, auch wenn es sich um einen noch jungen Bock handeln sollte. Soviel Entscheidungsfreiheit dürfte wohl dem Revierpächter überlassen bleiben!

Aber ich kam an den Gabler nur bei Ostwind heran. Wenn der Wind aus einer anderen Richtung blies, blieb der Bock entweder im großen Rübenschlag sitzen oder er drückte sich im Gestrüpp des Grabens. Und es war wie verhext. Das schöne Standwetter, das den Bauern in diesem Jahr die Ernte so leicht gemacht hatte, war mit einem Schlage vorbei.

So verging der September, und bald waren nur noch vierzehn Tage Zeit. Morgens ging mein erster Blick nach der Wetterfahne; es herrschte immer nur Westwind. Dann brauste das große Herbst-Manöver mit schweren Panzereinheiten durch die Feldmark und brachte viel Unruhe mit.

Endlich kam der ersehnte Wetterumschwung, und noch vor dem ersten Hahnenschrei, als es noch stockdunkel war, stand ich mit meinem Wagen auf der Kreisstraße. Ich suchte die Überfahrt zur großen Wiese mit dem Weideheck und fand sie nicht. Das Heck war weiß angestrichen und sonst in der Abenddämmerung leicht auszumachen. Aber heute war es einfach nicht da.

Schließlich war ich in der Dunkelheit auf dem großen Rübenschlag gelandet und tastete mich an die Hecke, in der ich sonst immer saß, von der anderen Seite heran. Das war ein Fehler, denn noch vor dem ersten Licht schreckte es einmal kurz, und man hörte den Bock durch die Rüben stürmen. Bei der Rückkehr zum Wagen sah ich dann die Bescherung. Das schöne weiße Heck — anderwärts sagt man Weidetor dazu! — war von Panzern niedergewalzt. Ja, wenn man eine ewige Pechsträhne hat.

Am übernächsten Morgen aber sollte es endlich klappen. Wieder war ich schon vor fünf Uhr am Platz, aber diesmal auf der richtigen Seite der Hecke. Die Zeit bis zum ersten Morgengrauen kann dann arg lang werden. Noch in der Dämmerung hatte ich vor der Querhecke mit dem Graben im Fernglas etwas ausgemacht, was da nicht hingehörte. Als es etwas heller wurde, erkannte ich: das war der Bock.

Auf etwa siebzig Gänge saß er vor mir, dicht vor der Hecke, bereit, sofort im deckenden Graben zu verschwinden. Ich hatte genug Zeit, ihn genau anzusprechen, und mußte mir sagen, daß es nicht der junge Gabler war, auf den ich wartete, der mit den hohen Stangen und dem leichten weißen Muffelfleck. Es war ein ganz anderer, mir völlig unbekannter Bock, ganz grau im Gesicht, und an den nicht besonders hohen Stangen erschienen die Enden schon zurückgesetzt. Auch die Rosen fielen dachförmig ab. Bestimmt war es ein richtiger Abschußbock, und das kurz vor Toresschluß.

Nun aber hieß es schnell handeln, denn wenn er aufsteht, dann ist er sofort auf Nimmerwiedersehen in der Hecke verschwunden. Ich hatte schon längst die Büchse auf dem festgerammten Zielstock liegen, und das Fadenkreuz saß auf dem Blatt. Endlich erhob er sich, streckte sich und machte eine Wendung, um im Gestrüpp unterzutauchen. Da krachte mein Schuß, und der Bock brach zusammen, stand aber sofort wieder auf. Doch ich wußte, die Kugel saß im Leben.

Als die Oktobersonne schon alles vergoldete, ging ich heran und fand am Anschuß hellen Lungenschweiß und weiter im verfilzten Gestrüpp des Grabens rote Tupfen. Es hatte keinen Sinn, daß ich zwischen den Brombeerranken herumstapfte. Ich fuhr nach Hause und holte schnell meinen Rauhhaarteckel. Er sollte auch seine Freude haben.

Am Anschuß nahm Purzel sofort die Fährte auf, und ich schnallte ihn. Der kleine Hund verschwand in dem Dornengestrüpp. Bald hörte ich ein Jiepen und dann andauernden heftigen Standlaut. Um heranzukommen, mußte ich einen weiten Umweg über zwei Stacheldrahtzäune machen.

Auf der Grabenkante hätte ich unter dem undurchdringlichen Dickicht den Bock nicht gefunden. Er lag etwa zwanzig Fluchten vom Anschuß. Ich hatte Mühe, ihn herauszuziehen. Dann stand ich vor einem ungeraden Sechser mit kümmerlichen Enden und ganz grauem Gesicht.

Doch als ich in den Äser greife, denke ich, mich trifft der Schlag. Es kann doch nicht sein, daß er zwei, höchstens drei Jahre alt ist. Es war mir ein schwacher Trost, daß auch andere Jäger mit entsprechender Erfahrung meinten, ohne den Unterkiefer gesehen zu haben, sie hätten ihm ebenfalls mindestens sechs Jahre gegeben. Der Rest ist Schweigen.

17

Wenn Diana ihre Launen hat — und den Jäger auf die Probe stellen will

Wenn ich an Dianas geheimnisvolles Wirken glauben würde, könnte ich vielleicht denken, daß sie mich an einem Neujahrsmorgen auf die Probe stellen wollte. Nur einen gemütlichen Bummel sozusagen vor der Gartentür wollte ich machen, nicht etwa ins Revier.

Selbstverständlich war mein Rauhhaarteckel mit von der Partie, der mir am Tage vorher einen starken „Kuder“ mit dicker Rute und drei schwarzen Ringen, der einer Wildkatze ähnelte, in der Wesermarsch aufgestöbert hatte. Er spielte sogar die Hauptrolle. Ohne Flinte sollte der Weg nur bis zur Brücke gehen, die etwa zweihundert Meter von meinem Garten entfernt über den Weserkanal führt. Die Kanalböschung ist auf der ganzen Länge bis zur Einmündung in die Weser mit Pappeln und Buschwerk bepflanzt. Dazwischen wuchert dichtes Gestrüpp von Weißdorn und anderem Gerank, ein herrlicher Schlupf für Karnickel und Fasanen um diese Jahreszeit. In den Frühjahrsnächten schlagen hier Dutzende von Nachtigallen.

Nichts Böses ahnend hatte ich den Hund bis zur Brücke laufen lassen und wollte ihn zurückpfeifen, als er plötzlich unter der Brücke giftig Laut gab. Zu sehen war nichts, aber dafür überschlug sich fast sein „Jiff-jaff“. Als ich mich herangearbeitet hatte, stand er unter der Brücke vor einem Dornbusch, in dem ich jedoch nichts erkennen konnte.

Ich schloß aus seinem Gehabe, daß etwas Besonderes im Busch steckte. Deshalb kletterte ich die Böschung wieder hoch und trabte nach Hause, um die Flinte zu holen. Denn anders kriegte ich meinen Purzel nicht weg, und wenn er die ganze Nacht davorstand. Ich bin auch nicht mehr der Jüngste, und als ich völlig aus der Puste wieder am Tatort des Geschehens eintraf, waren gut zwanzig Minuten vergangen.

Der Hund stand immer noch und wurde immer giftiger. Ich blieb auf der Brücke, weil ich von hier nach allen Seiten der Kanalböschung freies Schußfeld hatte. „Faß zu, mein Hund, faß zu!" Der kleine tapfere Kerl sprang in den Busch, und heraus fuhr ein starker Winterfuchs.

Aber wo bleibt er? Ich wollte zwischen Hund und Fuchs etwas Distanz lassen, um den Teckel nicht zu gefährden, und war etwas vorgelaufen in der Annahme, daß der Fuchs entweder rechts oder links unter der Brücke zum Vorschein kommen wird. Doch Purzel gibt genau unter der Brücke auf der Steinböschung Laut. Der schlaue Freibeuter drückt sich anscheinend, um nicht ins Schußfeld zu geraten.

Plötzlich oben auf der Straße, auf der ich eben anmarschiert bin, in der Hecke eine Bewegung, der Fuchs steckt sichernd den Fang heraus und schnürt ganz langsam über die Fahrbahn, die hier wegen einer leichten Kurve völlig unübersichtlich ist.

Wie der Blitz habe ich die Flinte an der Backe. Es ist ein leichter Schuß, denke ich und will abdrücken. Doch eine warnende Stimme läßt mich im letzten Augenblick den Finger geradehalten. Mir stehen Schweißtropfen auf der Stirn, als hinter dem in der Hecke verschwindenden Fuchs ein Radfahrer erscheint. Er wünschte mir höflich ein frohes neues Jahr, aber von einem Fuchs hat er nichts gesehen.

Der nächste Streich, den mir Diana spielte, hatte sich nach Aufgang der Bockjagd ereignet. Dieter, der Sohn des Revierpächters, schwärmte mir von einem sagenhaften Bock vor, der an der Grenze stand, mal drüben im „Feindlichen" auf einer Waldwiese, dann wieder bei uns im Stangenholz auf einer Schneise. „Fast zwei Handbreit über die Lauscher, glatte Spieße, so was hast du noch nicht gesehen! Aber es ist ein ganz heimlicher."

Ein paarmal war ich schon an der Reviergrenze entlanggepürscht, sozusagen „nur zum Zwecke der Beobachtung“. Rehwild stand hier genug in dem dichten Mischwald. Nur der Bock ließ sich nicht sehen. Dann hatte ich mich eines Abends, als die Maikühle sommerlichen Temperaturen zu weichen begann, auf einem Wiesenstück angesetzt, zwischen zwei Gehölzen, bei günstigem Wind an einem Fuchspaß, an dem mir schon mancher rote Freibeuter schußgerecht kam.

Auch diesmal dauerte es gar nicht lange, als noch bei hellem Sonnenschein eine struppige, abgemagerte Fähe den Trennzaun entlangschnürte, um für ihr Geheck Atzung heranzuschaffen. Selbstverständlich blieb die Patrone im Lauf, und ich sah ihr beim Mäusefang interessiert zu. Auf zwanzig Schritt wechselte sie an meinem gut verblendeten Sitz im Birkengehölz vorbei, ohne von mir Notiz zu nehmen. So etwas beruhigt mich immer.

Irgendein Instinkt sagte mir jedoch, daß sich hier noch mehr abspielen werde, und ich blieb sitzen. Vor allem erwartete ich auf dem uralten Paß mindestens einen Jungfuchs. Und ich hatte richtig getippt. Eine halbe Stunde später, immer noch vor Sonnenuntergang, schimmerte es wieder auf der anderen Seite am Waldrand rötlich im hohen Gras. Bald hatte ich ihn im Fernglas. Donnerwetter, das war aber ein starker Altfuchs, glatt und rund, also ein Rüde.

Aufgepaßt, jetzt galt es. Genau in der Mitte verhielt er, als ob er sich nicht ganz schlüssig war, und machte ein paar Fluchten nach links. Ich wollte schießen, aber für die Flinte war es noch zu weit. Diana hilf! Und sie tat mir den Gefallen und ließ den Fuchs seine Route fortsetzen. Ich mußte nur einen Moment abpassen, in dem er mir die breite Seite zeigte. Dann lag er im Feuer.

Ich war froh, daß es bei diesem einen Schuß blieb, denn ich wartete noch auf Rehwild. Dann kam die geheimnisvolle Stunde nach Sonnenuntergang, in der es sich ringsum im Gehölz überall regte, in der die ersten Hasen und Ricken auf der Wiese erschienen, und ich war froh über den schönen Abend. Ab und zu glitt mein Blick hinüber zu der Beute des Tages, zu dem steif im Gras liegenden Fuchs.

Plötzlich zerriß ein Büchsenschuß den Abendfrieden. Das war

drüben im Nachbarrevier. Dann fielen noch einmal zwei Büchsenschüsse kurz hintereinander. Ich wußte, daß dort fast jeden Abend drei, oft auch vier Jäger auf den sagenhaften Grenzbock paßten.

Also aus, dachte ich mir, und wollte meine Siebensachen zusammenpacken. Doch der Abend war zu schön, und ich blieb noch etwas sitzen. Vor mir ästen drei Stück weibliches Rehwild und ein junger Sechserbock mit weißem Muffelfleck, der übermütig an jeden Weidepfahl schlug.

Plötzlich erstarrte alles wie auf Kommando, warf auf und äugte nach dem Waldrand gegenüber, wo vorher der Fuchs erschienen war. Fahlgelb schimmerte es im Dämmerlicht, und es dauerte eine ganze Weile, bis ich ihn im Fernglas hatte, einen Bock, griesgrau das Gesicht, und die Stangen außergewöhnlich hoch. Genau war noch nichts auszumachen. Er äste ruhig und tat sich sogar genau unter dem Stacheldraht nieder.

Unbeteiligt musterte er seine Artgenossen. Als ein Schmalreh sich bemerkbar machen wollte und wenige Schritt vor seinem Windfang einige Fluchten hin und her machte, erhob er sich wieder, zeigte aber noch kein Interesse am anderen Geschlecht. Dann zog er äsend langsam auf mich zu, und jetzt hatte ich sein Gehörn deutlich im Glas.

Lange spitze Stangen, nur noch ein Ende schwach angedeutet, dachförmige Rosen, aber die Höhe der Stangen war für hiesige Verhältnisse außergewöhnlich. Also war es der Grenzbock, auf den sie soeben drüben geschossen hatten.

Und jetzt stand er auf vierzig Schritt minutenlang breit wie zur Schau, ohne sich zu rühren. Ich hatte ihn schön lange im Visier, und mir war zumute wie Tantalus in der Sage, denn schießen durfte ich nicht. Es wäre dem Pächterssohn gegenüber unfair, der bisher noch keine wirklich gute Trophäe erbeutete, obwohl er nach schwerem Tagewerk jede freie Minute im Revier zubrachte.

Um das Rehwild nicht zu vergrämen, wartete ich die Dunkelheit ab, schlich noch einmal an meinen Fuchs heran und stieß ihn mit dem Fuß an, um mich zu vergewissern, denn mit Meister Reineke hat mancher schon sein blaues Wunder erlebt. Morgen früh wollte ich ihn an einer markierten Stelle vergraben, wie es die Vorschrift verlangt.

Am gleichen Abend noch rief ich Dieter an, um ihm meine Erlebnisse mit dem Grenzbock zu berichten. Da zu erwarten war, daß der Bock den Wechsel über unsere noch ungemähten Wiesen einhalten würde, sagte Dieter zu, sich am nächsten Abend an der beschriebenen Stelle anzusetzen.

Als ich am nächsten Morgen mit einem Spaten am Tatort aufkreuzte, fand ich zwar die Stelle im Gras mit Schweißspuren, wo der Fuchs gelegen hatte. Aber er war weg. Donnerwetter noch eins, warum hatte ich nicht den zweiten Schuß abgegeben? Dann wäre unter Umständen der heimliche Bock nicht mehr gekommen. Das war meine einzige Entschuldigung vor mir selbst. Die Nachsuche mit meinem Teckel im dichten Unterholz blieb ergebnislos, da ich den damals noch nicht geimpften Hund aus erklärlichen Gründen nicht schnallen wollte.

Als Dieter am nächsten Abend an der bewußten Stelle ansaß, wurden wieder im „Feindlichen" mehrere Büchsenschüsse abgegeben. Er sagte sich mit Recht, daß sie wieder dem Grenzbock galten, denn der Erwartete erschien diesmal nicht mehr auf unserer Seite.

Einen Tag darauf wurde vom Nachbarrevier aus um die Genehmigung zur Nachsuche im Gehölz auf unserer Seite gebeten. Auf einem Vorderlauf wollte der Unglücksschütze abgekommen sein. Die Nachsuche mit vier Jägern und zwei Hunden im undurchdringlichen Unterholz führte zu keinem Ergebnis. Und der Grenzbock, der zurückgesetzte ungerade Gabler mit den hohen Stangen, wurde, falls er noch lebte, so heimlich, daß ihn niemand mehr zu Gesicht bekam.

Einmal vor fast drei Jahrzehnten hatte ich etwas nachgeholfen und Dianas Launen zu meinen Gunsten ausgelegt. Die Geschichte ist schon längst „verjährt" und wurde mir von allen Beteiligten verziehen. Janusch, der eingangs erwähnte Bauernjäger, hatte mich zum Pfingsturlaub diesmal auf seinen Niedersachsen-Hof eingeladen, Pachtung mit kleinem Eigenrevier. Die Bockjagd war gerade aufgegangen, und bei ihm im Moor stand ein alter Bock mit drei Stangen, von dem man Wunderdinge zu berichten wußte.

Da ich einige Tage vor dem Fest eingetroffen war, hatte ich schon ein paar Mal auf der alten Kanzel gesessen, ohne den Bock zu Gesicht zu bekommen. Es war ein herrliches Stückchen Erde am Rande des Moors, ein Wäldchen mit Krüppelkiefern, Birken und Erlen, durch das ein idyllischer, von der Dorfjugend in den Abendstunden gern benutzter Weg führte „Wenn dir der Bock kommen sollte, kannst ihn strecken", hatte Janusch gesagt.

Aber es war schon der zweite Pfingsttag, und Rehwild hatte ich genug gesehen, jedoch nicht den heimlichen Bock. Während der Festtage mußte die Büchse außerdem im Schrank bleiben, denn die Hausfrau war sehr kirchenstreng, und jedermann im Hause wußte, daß sie eine seelensgute Frau war, aber in diesem Punkte ließ sie nicht mit sich spaßen. Und auch Janusch, der alte Nimrod, richtete sich danach.

Das Haus war voll Besuch. Zwischen Nachmittagskaffee und Abendessen hatten sich die „Mannslüd" bei Doppelkopf und Klönsnack festgesetzt, und ich als leidenschaftlicher Nichtspieler widmete mich der Damenwelt. Plötzlich gab mir das Hausmädchen verstohlen einen Wink. Ich sollte mal rauskommen. Vor der Haustür stand der alte Bartels, Stellmacher und Schlosser in einer Person, ein Faktotum, das zu allem zu gebrauchen war. Nur die Hausfrau hatte einen Pik auf ihn, weil er bisweilen zu tief ins Glas zu schauen pflegte. Vielleicht auch, weil er mit Janusch so vertraut tat.

Jedenfalls winkte er mich beiseite. „Wenn du den Dreizack schießen willst, er stand eben auf der Hafersaat und tat sich gütlich. So ruhig wie diese Tage ist's ja auch selten in der Feldmark." Dabei schaute er mich listig von der Seite an, seinen Backenbart zwirbelnd, der alte Versucher.

„Aber du weißt doch, heute darf ich nicht."

„Morgen kriegt ihn wieder keiner zu sehen", entgegnete er und damit hatte er nicht unrecht.

Dann ließ er mich stehen, und ich muß zu meiner Schande gestehen, daß ich mich, eine dringende Verabredung vortäuschend, heimlich davonmachte, nachdem ich die Büchse vorher in der Gartenlaube versteckt hatte. Versuchen wollte ich es wenigstens, denn ich hatte nur noch einen Tag Zeit.

Mit dem Fahrrad war ich bald draußen und hatte tüchtig zu strampeln, bis ich am Ziel war. Tatsächlich stand am Horizont ganz frei im Haferschlag ein einzelnes Stück Rehwild. Ringsum war keine Deckung, und es gab keine Möglichkeit anzupürschen. Ich kurbelte verzweifelt an meinem Fernglas. Kein Zweifel, es war der Dreistangenbock. Aber so war an ihn nicht heranzukommen. Ich überlegte, daß er ja nicht ewig draußen im Felde bleiben würde. Sein Einstand war im Unterholz des Moores. Und hatte der alte Bartels nicht augenzwinkernd etwas davon gemunkelt, daß er vielleicht noch ein bißchen in die Richtung spazierengehen wollte? Ich hatte den zarten Wink wohl verstanden.

Also rauf auf die Kanzel, denn hier mußte der Bock irgendwo vorbeikommen, wenn er seinen Wechsel ins Moor einhielt. Es war ziemlich warm, und ich qualmte eine Zigarette nach der anderen, um die Mücken abzuwehren. Ich überlegte.

Wenn Bartels auf der anderen Seite der Hafersaat erschien und den Bock sachte herandrückte, müßte es eigentlich klappen. Aber mit des Geschickes Mächten — ist kein ew'ger Bund zu flechten.

Trällernd machten drei Dorfschöne ihren Abendspaziergang auf dem Weg, der an der Kanzel vorbeiführte, und stellten lautstarke Überlegungen an, wohin sie wohl noch zum Tanz gehen könnten.

Bald hatten sie mich auf meinem luftigen Sitz erspäht, obwohl ich mich wie ein Fuchs zu drücken versuchte. Und dann fing das übermütige Volk doch lauthals zu singen an: „Ich schieß den Hirsch." Mir blieb nichts anderes übrig, als jovial von der Kanzel herunterzuwinken, und ich glaube, ich warf ihnen sogar eine Kußhand zu, denn jetzt war sowieso alles verkorkst.

Griesgrämig saß ich da und rauchte noch eine letzte Zigarette. Es war auch bald kein Büchsenlicht mehr, und ich wollte abbaumen. Von der dritten Sprosse aus, als ich einem Instinkt folgend, noch einmal die Umgebung absuchte, erspähte ich zwischen den Krüppelkiefern eine Bewegung, etwas Graues. Im Zeitlupentempo nahm ich das Glas an die Augen. Es war der Bock, der am Gesträuch einige Blättchen rupfte.

Alles andere war keine Heldentat mehr. Der „Geheimrat" aus dem Moor lag im Feuer, und als ich vor ihm saß und die Totenwacht hielt, stand wie ein Waldgeist plötzlich der alte Bartels vor mir. „Ein Pfingstbock, da wird sich die Gnädige aber freuen!!" Wie könnten wir die Sache noch zu einem guten Ende führen?

Während ich den Bock aufbrach, hatte Bartels mit dem Gastwirt verhandelt, zu dem wir das Wildbret in den Eiskeller bringen wollten, damit ich am nächsten Morgen den Dreistangenbock aus dem Moor als frisch erlegt auf dem Hof präsentieren konnte. So geschah es auch. Nur Janusch hatte mich damals so merkwürdig forschend angeschaut und viel später, als wir in der Erinnerung auf die Geschichte zu sprechen kamen, lachend erklärt: „Geglaubt hab ich das sowieso nicht.“

18

Dreimal genarrt — Sachen gibt's auf der Jagd

Es sollte nur eine kurze Rundfahrt durch einen Revierteil werden, in dem wir die Wieselfallen umstellen wollten. Und zwar am Sonntagvormittag. Deshalb ließen wir die Flinten zu Hause. Ich bin zwar nicht abergläubisch, aber ich hatte doch meine Bedenken. „Bestimmt werden wir es bereuen, denn mir ist es immer so gegangen, wenn ich ohne Gewehr war." Aber der Jagdherr, mit einem Blick auf die Uhr, hatte es sehr eilig.

Dann waren wir in einer Hecke, in der wir eine Falle aufstellen wollten, am Feldweg auf eine Stelle gestoßen, an der ein Umweltsünder eine Wagenladung gebrauchter Autoreifen abgekippt hatte. Dazu einen noch verhältnismäßig gut erhaltenen Bauernschrank mit Schreibtischfächern, wie man ihn oft in alten Häusern findet.

Wir kramten eifrig in den Fächern nach Papieren, um vielleicht die Anschrift des Umweltverschmutzers zu finden und ihn zur Anzeige zu bringen. Auf diese Weise hatte man jedenfalls vor kurzem im Nachbarrevier einem dieser merkwürdigen Zeitgenossen einen Denkzettel verpaßt.

In diese unerwartete und zeitraubende Arbeit vertieft, warf ich einen kurzen Blick über unser Auto auf den Feldweg. Mitten auf dem Weg baute doch ein großes Wiesel, offenbar ein starker Hermelinrüde, einen Kegel. Als ich meine Begleitung darauf aufmerksam machte, huschte das Wiesel zurück in die Deckung, kam aber sofort wieder, sich mehrmals überschlagend und machte wieder einen Kegel, lief einen Purzelbaum schießend, in die Hecke zurück, und so ging es hin und her wie im Zirkus, obwohl drei ausgewachsene Mannsbilder ohne Deckung und in lauter Unterhaltung vor ihm standen.

„Der macht sich über uns lustig, weil wir keine Flinte haben", sagte der Sohn des Jagdherrn. Fast sah es so aus. Ich entsann mich, daß die Wiesel auch im Spätsommer noch Ranzzeit haben können. Allem Anschein nach war die kleine Zirkusschau eine Verhaltensweise, die dadurch zu erklären ist. Bisweilen stieß das Wiesel nämlich auch keckernde Töne aus wie in der Ranz.

Im Grunde jedoch war ich heilfroh, daß kein Flintenschuß dieses reizende Schauspiel beenden mußte. Unwillkürlich dachte ich an die Worte von Prof. Müller-Using in seiner letzten Diezel-Ausgabe, der von „entzückenden, schönen, als Wühlmaus- und Wanderrattenbekämpfer wie als Mäusejäger so überaus nützlichen Tierchen" spricht, deren Jagdschädlichkeit zuweilen leider übertrieben werde. Doch schließlich hatte das Revier einen guten Fasanenbesatz, und den wollten wir weiter hegen.

Nach diesem kleinen Zwischenspiel will ich von einem Erlebnis berichten, bei dem ganz offensichtlich nach unserem alten Heidenglauben die Schutzgöttin ihre Hand über alle Beteiligten, in diesem Falle über meinen Teckel und mich selbst, gehalten hat. In früheren Zeiten war es kein Problem, wenn einer von den tapferen, kleinen Teckeln auf den roten Freibeuter stieß und ihn stolz verbellte. In welche Konflikte man heute geraten kann, auch in einem Revier, aus dem keine „aktenkundigen" Fälle von Tollwut bekannt sind, mußte ich an einem Januarmorgen erfahren.

Es war kein richtiges Winterwetter, sondern ein Tag mit anormalen Frühlingstemperaturen. Ich wollte mir und meinem „Purzel" etwas Bewegung verschaffen und ließ den Teckel kurz in der Hecke am Weserufer auf Karnickel stöbern. Einen grauen Flitzer machte er auch locker, auf den ich jedoch nicht zum Schuß kam. Bevor es wieder heimwärts ging, kamen wir an einem Durchlaß vorbei, wie sie in bestimmten Abständen in das Weserufer eingebaut sind.

Ehe ich mich versah, war der Teckel eingeschlieft, denn er kannte das Manöver schon, und ich hatte schon öfter eine aus dem anderen Ende herausfahrende Katze auf diese Weise erwischt. Ich lief nur schnell zum Ausgang der Röhre, die nach dem Fluß zu oft geschlossen war, um notfalls den Deckel zu öffnen. Doch er steckte vom letzten Regen her noch so tief im aufgeschwemmten Erdreich, daß nur ein schmaler Spalt offenblieb.

Mittlerweile saß der Teckel auch schon „am Feind“ und gab giftig Standlaut. Der Spalt war immerhin so breit, daß eine Katze durchkommen konnte. Deshalb blieb ich am Ausgang hinter dem Weserufer stehen, zumal der Wind auf mich zublies. Doch nichts rührte sich; nur der Hund wurde immer giftiger. Sollte es etwa keine Katze sein?

Das konnte ja heiter werden, denn wenn das unbestimmte Etwas nicht sprang, blieb Purzel notfalls die ganze Nacht „im Untergrund“. Da half dann kein Rufen und kein Pfeifen. Ich mußte etwas unternehmen, wenn ich nicht hier „Wurzeln schlagen“ wollte, suchte mir einen langen Ast und stöckerte damit in den offenstehenden Spalt hinein. Mit dem Erfolg, daß das „Jiff-Jiff“ sich bald überschlug und die Fronten unten anscheinend in Bewegung gerieten. Jetzt fing der Teckel plötzlich an zu winseln und zu klagen. Das Schlimmste befürchtend, lief ich über den Uferhügel, um den Eingang der Röhre sehen zu können.

Da schoß ein starker Fuchs heraus und dicht hinter ihm mein tapferer Purzel, so daß ich nicht schießen konnte, ohne den Hund zu gefährden. Und wer will es mir verdenken, daß nach der Karambolage meine ganze Aufmerksamkeit dem Teckel galt und diesmal nicht dem Fuchs? Denn der Hund, den ich sonst nur für die Stöberjagd auf Kanin und die Nachsuche auf Rehwild verwendete, war nicht schutzgeimpft! Aber er blieb wie ein kleiner Satan hinter dem Fuchs, wobei sich natürlich der Abstand immer mehr vergrößerte.

Bald war die Jagd im Röhricht des Schleusenkanals verschwunden, und ich marschierte, nichts Gutes ahnend, querfeldein hinterher. Auf Pfiff kam der Hund angehechelt und schien guter Dinge zu sein. Ich untersuchte ihn genauestens und stellte fest: Er hatte nicht die geringste Verletzung am ganzen Körper, auch keine Schramme am Behang.

Am Abend war ich dann noch einmal am Durchlaß und maß den Durchmesser der Röhre, um den Hergang zu rekonstruieren.

Der Fuchs mußte dicht am Ausgang nach dem Fluß gesessen sein, wo ich stand und mit dem Ast stöckerte. Dadurch war er vermutlich zur Umkehr gezwungen und hatte den dicht hinter ihm kläffenden Teckel trotz der Enge einfach überrollt, ohne ihn zu verletzen. Vielleicht hatte er ihn — und das ist oft ein großer Vorteil der Teckel! — nicht genug ernst genommen.

Sofort nahm ich Verbindung mit dem zuständigen Regierungsveterinäramt auf und schilderte zunächst telefonisch, dann mit dem Teckel als „corpus delikti" den Sachverhalt. Der Facharzt sah glücklicherweise in dem Vorkommnis einen Vorgang, wie er sich in der freien Wildbahn oft ereignet, ohne daß der Hundehalter etwas davon merkt. Aber die Hauptsache war der Umstand, daß in der Gemarkung seit Jahren kein Tollwutfall vorgekommen war. Da keine Verdachtsmomente vorlagen, sah er auch davon ab, eine Quarantäne mit allen unangenehmen Begleiterscheinungen für den Hund und seinen Herrn zu verhängen, die sonst fällig gewesen wäre. Dringend empfahl er jedoch, eine Schutzimpfung vornehmen zu lassen, was ich unverzüglich durch Vermittlung des Veterinäramtes am gleichen Tage tat.

Aber die Gewissensbisse meinem treuen vierläufigen Jagdgefährten gegenüber möchte ich nicht noch einmal durchmachen. Sie waren erst ein halbes Jahr danach ausgestanden, nachdem ich bei peinlichster Beobachtung wie empfohlen am Hund nicht die geringste Wesensveränderung feststellen konnte. Und so lasse ich keine Gelegenheit aus, meinen Gefährten von der grünen Zunft den Rat zu geben: Geht nicht ins Revier, ohne daß der Hund gegen Tollwut geimpft ist!

Nach dieser Episode, die leicht hätte anders ausgehen können, noch ein Erlebnis, bei dem wieder ein Hund die Hauptrolle spielte.

Es war auf einer Treibjagd im Nachbarrevier, auf der ich ohne Gewehr eigentlich nur den Ehrentreiber markierte. An der Reviergrenze in einem Rübenschlag hielt die ganze Jägerkumpanei wie auf Kommando inne. „Was hat denn bloß Hasso mit einem Mal?"

Das war man bei dem passionierten und schon etwas angegrauten Langhaarrüden nicht gewohnt, daß er die davonpurrenden Gockel keines Blickes würdigte. Statt dessen konnte man sehen, wie er sich Wind holte und dann plötzlich wie von allen guten Geistern verlassen ins „Feindliche“ hinüberwechselte. Und das trotz bester Zensuren, die er sich alljährlich in der Brauchbarkeitsprüfung holte.

Mein Jagdfreund Dierk war fassungslos, und bald begannen die Kameraden zu frozzeln. Aber das ließ ihn kalt, denn er kannte seinen Hund. Jetzt stand er jenseits der Grenze mitten in den hohen Futterrüben wie angewurzelt vor und schien sich um seinen Herrn überhaupt nicht zu kümmern. Dierk sagte: „Er hat etwas Besonderes. Ich geh rüber!“

Zum Glück bestand mit den Jägern drüben, von denen auch einige heute dabei waren, ein gutes Verhältnis, und Wildfolge war vereinbart. Kurzentschlossen gab Dierk, um der Vorschrift Genüge zu tun, seine Flinte dem Nachbarschützen und ging quer durch den Schlag auf seinen Hund zu. Jäger haben ja oft so etwas wie einen sechsten Sinn. Als Hasso merkte, daß sein Herr ihm folgte, warf er ihm freudig wedelnd einen dankbaren Blick zu. Die ganze Jägerschar hörte mit den Witzeleien auf und verfolgte stumm den Vorgang.

Dierk hatte sich herunter gebeugt und kramte in den hohen Rübenblättern herum. „Krutzitürken, ist so etwas möglich? Kommt bloß mal her.“

Bald stand die ganze Jägerschar um Dierk und seinen Hund. Sie fanden keine Worte. Lag da, von dicken Schmeißfliegen umschwirrt und mit Maden im Wildbret, der schwarze Bock mit dem guten, aber in der Entwicklung noch nicht fertigen Gehörn, der einmal versprochen hatte, ein Kapitaler zu werden. Deshalb hatte sich die Jägerschaft der drei angrenzenden großen Reviere zur Schonung verpflichtet.

In der Blattzeit hatten sie ihn noch in W. am Rande einer dicken Tannenschonung gesehen, in der er seinen Einstand hatte. Das Jahr vorher hatte er drüben auf der anderen Seite in B. angesichts der gen Himmel ragenden Doppeltürme des alten Doms im Buschholz sein Regiment als Platzbock, und er war Dierk das erste Mal durch seine ungewöhnlich hohen Stangen aufgefallen, als mein Jagdfreund am Sonntagvormittag vom Kirchgang kam. Dierk gab an, sogar seine Mutter zu kennen, einen Mordskasten von Ricke mit aufwärts gebogenen Schalen, deren ungewöhnliche Fährte er jahrelang beobachten konnte.

Deshalb stammte dieser gute Bock seiner Auffassung nach aus dem Moor von H., dem dritten angrenzenden Revier, wo die schwarzen Rehe stehen, und so hatte sich um ihn eine kleine Hegegemeinschaft gebildet, in der ein Manneswort die schriftlichen Statuten ersetzte.

Irgend jemand hatte begonnen, das von Maden wimmelnde Stück genauer zu untersuchen. „Hier der Einschuß hochblatt, Kleinkaliber! Hab ich mir doch fast gedacht ..." Die Jäger wechselten vielsagende Blicke. Hatte man doch im Revier schon öfter Kleinkaliberschüsse gehört. Man wußte auch, wer als Schütze in Frage kam. Aber das war nur ein Verdacht. Gesehen hatte es niemand.

Sie standen da und rekonstruierten den Tathergang. Drüben von der Tannenschonung, wo der Bock immer stand, waren es zweihundert Meter. Der Wilderer mußte das schwer kranke Tier, vermutlich in der Dämmerung, aus den Augen verloren haben. Oder hatte ihn jemand gestört? Jedenfalls war der Bock mit der Kugel im Leben so weit flüchtig geworden, bis er in den hohen Runkeln zusammenbrach und von dem Räuber nicht gefunden wurde. Denn Gehörn und Wildbret war zusammengeblieben. Vermutlich hatte sich der Schütze zur Nachsuche nicht aus der Deckung herausgetraut.

Das Stück war total verludert. Seit dem Schuß konnten zwei Monate oder mehr vergangen sein. Der Ausschuß war nicht mehr zu finden. Sollten wir die Polizei verständigen?

Das ist in einer dörflichen Gemeinschaft immer die große Frage, denn wenn es darauf ankommt, will keiner ein Wort sagen und sich eine Laus in den Pelz setzen. Es hätte bedeutet, daß aus allen drei Dörfern sämtliche Besitzer von Kleinkalibergewehren vor den Kadi zitiert würden. Man sah schon die ganze Gegend in Aufruhr.

Sie hatten sich am Feldrain niedergesetzt und frühstückten aus dem Rucksack. Die Diskussion ging lange hin und her, aber niemand sprach ein abschließendes Wort, und die Lust, weiterzujagen, war ihnen vergangen. Dierk gab die dicke Leberwurstschnitte, die er sich eigentlich selbst einverleiben wollte, seinem Hasso. „Du hast es verdient."

19

Tantalus-Qualen bei der Bockjagd — Auch Rehe haben ihre Schicksale

Kennen Sie die griechische Sage vom Tantalus? Die Geschichte von dem König aus Kleinasien, der zur Strafe für alle möglichen Missetaten im Hades, in der Unterwelt hungernd und dürstend in einem See stand? Und immer wenn er trinken wollte, wich das Wasser vor seinem Munde zurück, und wenn er nach den Früchten, die über ihm hingen, greifen wollte, schnellten die Äste nach oben und blieben unerreichbar. So ungefähr war mir bei der letztjährigen Bockjagd zumute.

Es fing schon mit einem bösen Omen an. An einem schönen Sonntagmorgen war ich nur einmal kurz ins Revier gefahren, um mich nach den Böcken umzuschauen. Gleich in der ersten Kurve der Kreisstraße durch die Wesermarsch trat der Fuß ganz instinktiv auf die Bremse, denn auf der Böschung des Straßengrabens lag etwas.

Es war ein Stück Rehwild, eine starke Ricke, Opfer des Straßenverkehrs, die sich mit ihren Verletzungen von der Fahrbahn durch den Graben geschleppt hatte, um oben im Stacheldraht des Weidezauns hängenzubleiben und zu verenden. Fuchs und Krähen hatten sich schon darüber hergemacht, und mir blieb nichts anderes übrig, als die traurigen Reste „einzukuhlen", wie es hierzulande heißt.

Nach der Arbeit leuchtete ich mit dem Fernglas vom Wagen aus die Umgebung ab, als einige hundert Meter vor mir auf der Straße ein Kraftwagen hielt. Der Fahrer, ebenfalls ein Fernglas vor den

Augen, war ausgestiegen und musterte angestrengt den großen Wintergersteschlag an der Reviergrenze. Ich ging näher, denn das begann mich zu interessieren.

„Ein Staatsbock stand da eben in der Saat“, erklärte er und stellte sich als der Pächter eines Stadtreviers ganz in der Nähe vor. Von Beruf war er Arzt, und er kam öfter hier durch und freute sich jedesmal über den Rehbestand. Das wäre ein Mordsgabler mit hohen Stangen gewesen, vielleicht schon etwas zurückgesetzt. Seiner Beschreibung nach tippte ich sogleich auf den Gabler, den ich im Vorjahr gegenüber auf der großen Wiese mehrmals dabei beobachtet hatte, wie er mit seinen spitzen, weiß blinkenden Gabeln das übrige Rehwild schikanierte. Der Jagdherr hatte mir daraufhin den Bock ausdrücklich zum Abschuß freigegeben, obwohl er noch nicht alt genug war. Doch es war schon kurz vor Ende der Schußzeit und es hatte damals nicht geklappt. Dies alles setzte ich meinem neuen Bekannten auseinander. Ein Wort gab das andere, und wir waren bald im schönsten jagdlichen Diskurs.

Bei ihm im Revier ständen keine guten Böcke, so erzählte er. Deshalb fahre er in jedem Jahr ein paarmal nach Polen, in das frühere Hinterpommern, um einen Kapitalen zu strecken. Als er dann zu berichten wußte, daß er schon über fünfzig(!) Böcke gegen entsprechende Devisen in Polen erlegt hätte, machte ich doch ein dummes Gesicht und fragte mich im stillen: Wie wird es dann in deinem Revier aussehen?

„Wieviel Jahre haben Sie denn für diese Rekordstrecke gebraucht?“ Ohne darauf Antwort zu geben, war er mit kurzem Gruß weitergefahren. An diese mit mehr oder weniger Jägerlatein gewürzte Unterhaltung mußte ich oft noch zurückdenken, denn der damals avisierte Gablerbock machte mir im Sommer viel zu schaffen.

Erst als das Korn schon kniehoch stand, bekam ich ihn zu sehen. Aber unter welchen Begleitumständen! Diesmal hatte ich mich vor einer großen Wiese an einem mit allerlei Gestrüpp dicht verfilzten Quergraben angesetzt. An diesem Graben hatte ich im vergangenen Sommer den Gabler öfter dabei beobachtet, wie er mit seinem Gehörn allerhand Unruhe stiftete. Das Gras war noch nicht gemäht und so hoch, daß sich Rehwild darin verstecken konnte.

Auf der Kreisstraße, auf der es sonst am Tage gemütlich zuging, herrschte starker Feierabendverkehr. Ich konnte in etwa fünfhundert Meter Entfernung die Autos und Laster dahinbrausen sehen. Aber das Wild hatte sich an den Verkehr schon gewöhnt. Bald hatte ich im Gras einige Lauscherpaare ausgemacht; zwei Ricken mit ihren Kitzen. Ein Gehörn war nicht dabei.

Deshalb pürschte ich, als die Sonne untergegangen war, langsam an der Grenzhecke mit günstigem Wind in Richtung auf die Straße, um auf der anderen Seite mein Heil zu versuchen. Alle paar Schritt blieb ich stehen, denn in dem Weizen neben der Wiese saß gewöhnlich Rehwild, oder ein Fuchs schnürte gern auf dem schmalen Rain entlang.

Als ich durchs Fernglas von der Wiese aus über das Korn blickte, bemerkte ich, zehn Meter von der Straße entfernt eine Bewegung im hohen Gras. Es war ein Bock, aber was für einer? Im Glas erkannte ich ihn; es war der gesuchte Gabler. Aber er war krank, schonte stark den Vorderlauf; allem Anschein nach war er soeben von einem Kraftwagen angefahren worden, als er über die Straße wechselte.

In die Hecke gedrückt folgte ich ihm im Fernglas. Jetzt wechselte er die Richtung und hielt genau auf die Hecke zu, in der ich stand. Günstiger konnte ihn mir Diana nicht präsentieren! Ich hatte die Büchse an meinem Zielstock angeschlagen, denn in den Hecken gab es keine anderen Möglichkeiten, und hielt das Fadenkreuz schön ruhig aufs Blatt.

Ein kurzer Pfiff; der Bock verhält, und ich will stechen. Da sehe ich im Fadenkreuz des Zielfernrohrs eine Autokolonne auf der Straße knapp vierzig Schritt hinter dem Bock, und es läuft mir eiskalt über den Rücken. Mit einem leisen Fluch lasse ich die Büchse wieder sinken. Der Bock hat die Bewegung eräugt und zieht humpelnd und jäh die Richtung wechselnd ins hohe Korn.

Das war mir doch an die Nieren gegangen, und ich saß eine Weile nachdenklich auf meinem Jagdstock. Fest stand, daß der Gabler seinen Einstand in diesem Jahr auf der anderen Seite der verflixten Kreisstraße hatte, wo die saftigen Wiesen bisher noch nicht mit Kühen und Rindern besetzt waren. Der Doktor vom Sonntagmorgen mit seiner Rekordstrecke in Polen hatte übrigens recht gehabt: der Bock hatte schon etwas zurückgesetzt. Ich hatte es im Glas deutlich erkannt.

Aber was hatte ihn veranlaßt, in der Zeit des dichtesten Verkehrs über die Straße zu wechseln, mitten in eine Blechkarawane hinein? Inzwischen war es dunkel geworden, und ich konnte nichts mehr unternehmen.

Am nächsten Morgen war ich in aller Frühe mit meinem Teckel am Ort des Geschehens. Mit der Straße im Rücken, die schußfertige Büchse in der Hand, ließ ich den Hund an langer Leine systematisch das Kornfeld absuchen. Zwischen mir und dem Teckel war immer ein breiter Streifen, und ich glaubte, auf diese Weise am wenigsten Flurschaden zu machen. Wenn sich der kranke Bock im kniehohen Weizen niedergetan haben sollte, mußten wir auf ihn stoßen, und Purzel war mit der Ruhe und stetigem Eifer bei der Sache.

Doch absolute Fehlanzeige: der Bock ging nicht hoch, und aus dem Verhalten des Hundes war zu schließen, daß kein Wild im Korn saß.

Ich war dann wochenlang auf der Suche nach dem laufkranken Gabler, streifte mit dem Hund jede Hecke, jeden Graben im weiten Umkreis ab und stieß dabei auf manchen respektablen, aber noch jungen Bock. Auch manche Ricke mit ihrem Nachwuchs machten wir hoch, und ich war erstaunt, daß die meisten Muttertiere zwei Kitze führten. Das lag wohl an der guten Äsung des Vorjahres und am milden Winter.

Als ich eines Abends Ende Juni auf der Wiese neben dem Weizen einen geringen jungen Sechser antraf, der sich anscheinend hier häuslich eingerichtet hatte und trotz Düsenjäger und Hubschrauber am Himmel immer um die gleiche Zeit zum Äsen aus dem Ährenfeld heraustrat, mußte ich wohl annehmen, daß mein Gabler endgültig das Feld geräumt hatte. Inzwischen waren die Wiesen alle gemäht und nachgewachsen, und die bald eintretende Dürre brachte es mit sich, daß in der Wesermarsch wie überall jedes Fleckchen Grün mit Rindvieh besetzt wurde.

Für das Rehwild hatte eine schlechte Zeit begonnen, und es blieb lange unsichtbar. Bald kam die Getreideernte, und ich hatte noch immer den laufkranken Gabler im Kopf. Als der Mähdrescher vor dem bewußten Weizenschlag anfuhr, hatte ich mich deshalb in einiger Entfernung in der Hecke angesetzt, denn vielleicht war er doch in seinen alten Einstand zurückgekehrt. Aber nur eine Ricke mit zwei Kitzen wurde flüchtig, und obwohl ich wartete, bis der Mähdrescher seine Arbeit beendet hatte, sprang kein Bock ab.

Damit glaubte ich alles getan zu haben, was das Jägergewissen mir gebot. Schließlich konnte man damit rechnen, daß der Vorderlauf nicht so stark verletzt, wie es damals nach dem Zusammenstoß schien, und inzwischen verheilt war. Und ich entsann mich, in „Wild und Hund“ von einer Beobachtung gelesen zu haben, daß ein Bock in diesem Zustand sogar eine Ricke beschlagen haben soll.

Kurz und gut, ich widmete mich jetzt endlich intensiv dem Abschuß des „Kröpelbockes“, auf den mich schon im Frühjahr der Jagdherr aufmerksam gemacht hatte. Die Hausfrau sagte damals, ich würde ihr einen großen Gefallen tun, wenn ich den Bock streckte, denn er habe im Gutsgarten gerade an den frisch gepflanzten Obstbäumchen so gefegt, daß sie eingingen. Zum besseren Verständnis sei daran erinnert, daß Gut W., in dessen Gemarkung ich Jagderlaubnis habe, ganz einsam und verlassen wie auf einer Halbinsel von der Weser umschlossen mitten in der Marsch liegt, so daß Wild im Hausgarten Winters über keine Seltenheit ist.

So vertraut war also der Bock im Frühjahr. Ihn zu strecken, dürfte ein Kinderspiel sein. Selbst gesehen hatte ich ihn noch nicht. Ich wußte nur, daß in dem Sprung Rehwild, den ich im Winter auf der Weizensaat beobachtet hatte, ein sehr starker, guter Sechser stand. Nach der Beschreibung des „Kröpelgehörns“, die eine Sechserstange normal nach oben gerichtet, die andere verkümmert und nach hinten gekrümmt, war der andere typischer Abschußbock.

Es war damit zu rechnen, daß dieser zweite Bock vor dem starken Sechser inzwischen das Feld geräumt hatte. Und so war's auch. Als ich in der Hecke vor dem großen Weizenschlag saß, der am nächsten Tag gemäht werden sollte, sah ich mitten im Ährenmeer das Gehörn eines Kapitalen, das ich schon bei der Anfahrt entdeckt hatte. Er hatte mich seelenruhig vorbeifahren lassen, denn er glaubte, in voller Deckung zu sitzen. Eigentlich hätte ich den Ansitz an dieser Stelle abbrechen können, denn im Einstand des starken Platzbocks war ein Rivale nicht zu erwarten.

Doch ich wollte sehen, wie lange er „auf Tauchstation" aushielt. Auch konnte in der Dämmerung leicht ein Fuchs die Hecke entlangschnüren. Ab und zu zog der Bock das Gehörn und die Lauscher ein, blieb aber ruhig sitzen. Nach einer Weile hob er sichernd das Haupt aus der Deckung der Ähren und musterte mich argwöhnisch. Im Fernglas konnte ich deutlich die Lichter sehen und spürte förmlich seinen griesgrämigen Blick.

Dann wurde ihm wohl die Zeit zu lang, und ich sah an der Bewegung der Ähren, daß er robbend, wie wir es beim „Barras" gelernt hatten, die Stellung wechselte, ohne auch nur ein Zipfelchen seines Gehörns zu zeigen. Erst wenn er gut zehn Meter weiter war, wurden wie beim U-Boot auf Tauchstation der Schnorchel, aus dem Ährenmeer zuerst die Stangen, dann die Lauscher sichtbar, die sofort wieder eingezogen wurden, wenn er mich eräugt hatte.

Dieses neckische Spiel dauerte fast eine Stunde, bis der Bock die schützende Hecke erreicht hatte und noch einmal nach mir sicherte, bevor er im Strauchgewirr verschwand. Immerhin war die Kriechspur, wie ich hinterher feststellen konnte, gut fünfzig Meter lang. Der Mann auf dem Mähdrescher am nächsten Tag mag gestaunt haben.

Nach diesem amüsanten kleinen Erlebnis pürschte ich die nähere und weitere Umgebung ab, um den Einstand des Kröpelbocks zu finden. Der Begriff „Einstand" ist übrigens in einem reinen Feldrevier reichlich illusorisch, denn das Rehwild muß sich nach den jahreszeitlich bedingten Belangen der Landwirtschaft richten. Das wurde mir dabei immer wieder bewußt.

Beim Auftrieb des Rindviehs auf die Weiden im Frühjahr, wo die Böcke meist gut anzusprechen sind, räumt das Rehwild abrupt die saftigen Wiesen und geht in die angrenzenden Kornfelder. Das dauert eine Weile, und es gehört eine gehörige Portion Glück dazu, ein bestimmtes Stück wiederzufinden.

Dann wird das Korn gemäht, und für die Rehe, die bisher einen guten Tag lebten, beginnt eine schlechte Zeit. Die leeren Stoppelfelder bieten keine Äsung, und eine Rückkehr auf die Wiesen und Weiden, die wegen der Dürre des letzten Sommers bis auf die Grasnarbe von den Rindviechern abgenagt wurden, ist meist unmöglich.

Gewiß, in der Feldmark bleiben die Maisschläge und die Rübenfelder, und man muß sich immer wieder über die Findigkeit unseres Rehwildes wundern, mit der oft über Kilometer die wenigen verbliebenen Äsungsflächen ausgemacht werden. Und wenn ein Bock, den man im Frühjahr glaubte „fest angebunden" zu haben, erst im mannshohen Mais untertaucht, ist er oft für die ganze Saison so gut wie verschwunden.

Auch meinen „Kröpelbock" fand ich nicht, bis eines Tages mir Diana wieder einen Streich spielte. Ich war an einem Sonntagvormittag ohne Büchse und im Feiertagsgewand kurz ins Revier gefahren, um die Wieselfallen zu kontrollieren. Am Karnickelgehölz fiel mir auf, daß auf dem Feldweg zwei Autos parkten, anscheinend Angler, die an der nahen Weser ihrem Hobby nachgingen. Dann traute ich meinen Augen nicht. Knapp vierzig Schritt von den Autos entfernt steht ein Bock am hellen Tag und äst friedlich am Holunderstrauch, als gäbe es keine Zweibeiner, die ihm nach dem Leben trachten. Im Glase erkenne ich deutlich eine einzige Gablerstange. Aber wo ist die zweite? Ist sie nach hinten gebogen?

Immer hält er das Haupt so, daß hinten nichts zu sehen ist. Ich kann mich drehen und wenden wie ich will, und als ich etwas zur Seite gehe, hat er das Haupt ganz im Gestrüpp. Das scheint der Kröpelbock zu sein, und ich stehe hier auf der Straße ohne Büchse. Also kehrt mit dem Wagen und zurück nach Hause, den Repetierer geholt.

Obwohl ich die Feldwege ein fast verkehrswidriges Tempo fuhr, hatte es doch eine Viertelstunde gedauert, bis ich wieder zur Stelle war. Als ich den Wind prüfte, schien er zu krüseln, und ich entschloß mich, sicherheitshalber das Gehölz von der anderen Seite anzupürschen, zumal der Bock hineingewechselt war.

Den Wagen hatte ich neben der festen Fahrbahn abgestellt und bewegte mich langsam auf dem dicht bewachsenen Grenzrain zwischen Rübenschlägen. Als ich auf Sichtweite heran war, leuchtete ich noch einmal mit dem Fernglas den Rand des Gehölzes in ganzer Länge ab, und dann schwenkte ich auf die anschließenden Rüben. Dort äste eine Ricke, und dicht dahinter schob sich aus dem schützenden Gestrüpp der Bock. Wieder erkannte ich deutlich die einzige Stange. Aber vom zweiten Rosenstock ist nichts zu sehen. Aber wie herankommen? Noch hatte das Wild mich nicht eräugt, obwohl ich frei und ungedeckt dastand. Ganz langsam schiebe ich mich zur Seite auf die noch ungeschälte Stoppelfläche vor dem Gehölz, immer das Fernglas vor den Augen und aufs Wild gerichtet. Nur noch einige Meter, und ich war im Sichtschatten der Eichen und Pappeln, ohne daß der Bock mich wahrgenommen hatte.

Jetzt konnte ich leise in den glücklicherweise feuchten Stoppeln auf das Gehölz zupirschen, um in seiner Deckung mit günstigem Wind den Bock anzugehen. An einem gefällten Pappelstamm legte ich den Teckel ab und ließ bis auf Büchse und Glas alles Hinderliche zurück. Auch meine Schuhe zog ich trotz der Sonntagsstrümpfe aus, denn ich mußte ein kurzes Stück durch Strauchwerk mit trokkenen Ästen auf dem Boden, deren Knacken mir schon manches Karnickel vergrämt hatte.

Ich wußte, daß die letzten Meter ein großes Risiko waren. Doch anders hatte ich keine Sicht auf den Bock, der in den Runkeln stand. In jungen Jahren ist das alles kein Problem, aber mit meinen über siebzig Lenzen ist und bleibt so etwas ein Wagnis. Kurz und gut, es ging schief. Ich glaubte zwar, jedes Geräusch vermieden zu haben, aber als ich mich langsam an einer Kiefer aufrichtete und den Blick auf den Rübenschlag frei hatte, stand kein Bock und keine Ricke mehr drauf.

Einige Tage später traf ich im Revier auf der Straße mit Dr. N. zusammen. Wir hatten beide unsere Wagen am Rande eines Zukkerrübenschlages abgestellt und standen in gemütlicher Unterhaltung mitten auf der Fahrbahn. Ich hatte gerade von meinem Mißgeschick berichtet. Da wies er mit einem Kopfnicken hinter mich auf den großen Rübenschlag. Das war doch nicht zu fassen. Kaum vierzig Schritt von der Straße entfernt standen wie aus Zauberhand plötzlich vier Stück Rehwild da. Ganz rechts — der Einstangenbock. Wir blickten uns beide ziemlich verdattert an, denn die Gewehre lagen im Wagen. Das in hohen Fluchten abgehende Wild ersparte uns alle weiteren Aktionen.

Der Jagdherr hatte beobachtet, daß der Bock mit seiner Begleitung schon am frühen Nachmittag vom Weserufer her, wo sie vermutlich in der Septembersonne Siesta gehalten hatten, in einen anderen Rübenschlag gewechselt war. Aber dies hier waren Zuckerrunkeln mit leckerem Blatt, das vom Rehwild in dieser Jahreszeit gern geäst wird. Das hatte mehr gelockt.

Deshalb setzte ich mich am nächsten Nachmittag wieder an den Rand unseres Karnickelgehölzes, der Stätte so vieler jagdlichen Freuden, gut verblendet hinter einem Holunderbusch. Von hier war beste Sicht auf den Rehwechsel von der Weser her, und ich hoffte, dem Bock den Weg zur Äsung abzuschneiden.

Es war noch sehr viel Zeit, und ich war trotz aller bisherigen Enttäuschungen guter Dinge, denn meiner Berechnung nach mußte es heute klappen. Doch mit des Geschickes Mächten ...

Plötzlich schreckte mich ein merkwürdiges Geräusch hinter meinem Rücken auf. Es klang fast so, als ob ein Damhirsch mit den Geweihstangen am Geäst entlangstreicht. Aber das war nicht gut möglich, denn so weit hatte sich das Rudel aus dem Nachbarrevier noch nie verirrt.

Mit meiner Ruhe war es natürlich vorbei, und ich verdrehte mir fast den Hals, um das Geschehen hinter mir im Gehölz zu enträtseln, was um so schwieriger war, weil ich doch in Deckung bleiben mußte. Bis mit einem Male Axthiebe ertönten, also Holzfällerarbeiten, von denen ich nichts wußte. Das merkwürdige Geräusch war dadurch entstanden, daß ein Arbeiter prüfend an die Stämme geklopft hatte. Ja, solche Überraschungen gibt es beim Waidwerk immer dazu!

Auf Gut W. waren die Mastbullen umgetrieben, und nun mußte auf der bisherigen Weide die Umzäunung ausgebessert werden. Dazu wurden gesunde Kiefernstämme gefällt. Bei der Unterhaltung mit den Arbeitern fragte ich nach Rehwild. „Ja", sagte der eine, „gestern nachmittag war hinter der Hecke in den Runkeln der mit eenem Horn, als ich die Stoppeln schälte."

Das war weiter nördlich und in einer anderen Richtung, mit der ich gar nicht gerechnet hatte.

Also baute ich beschleunigt meine Stellung ab und stapfte mit dem ganzen Gepäck nebst Teckel etwa einen Kilometer quer über den Sturzacker, um mich auf der anderen Seite der Weserschleife in einer Hecke anzusetzen. Es dauerte auch nicht lange, als in der gegenüberliegenden Hecke, etwa vierhundert bis fünfhundert Meter entfernt, die ersten roten Wildkörper auftauchten. In hohen

Fluchten und übermütigen Sprüngen setzten sie über die kahle, noch ungeschälte Gerstenstoppel und erst am Rande der so begehrten Zuckerrüben verhielten sie.

Acht Stück Rehwild zählte ich, und der Einstangenbock war auch dabei. Doch er blieb, als ahnte er, daß hinter dem Weißdornbusch die Büchse auf ihn lauerte, wohlweislich immer am Rande des großen Schlages auf einer Entfernung von mindestens hundertfünfzig Metern. Ich hatte ihn schon längst im Zielfernrohr. Die Lücke zwischen den Balken füllte er nur halb aus. Daraus dürfte ich auf eine Distanz von fast zweihundert Meter schließen.

Es wurde eine harte Geduldsprobe, denn auf mehr als hundert Meter mache ich den Finger nicht krumm. Das ist mein Grundsatz, und ich bin bisher immer gut dabei gefahren. Jetzt begann er langsam, viel zu langsam, in Deckung mitten durch die Rüben zu ziehen. Hier in der Marsch sind die Zuckerrüben trotz aller negativen Prognosen gewaltig hoch gewachsen . . .

Jetzt sind es gerade hundert Meter, und der Bock verhält. Aber das Blatt ist nicht frei; nur das Haupt und die Hinterkeulen ragen aus den Rübenblättern heraus. Es ist, als ob Diana mich wieder einmal narren will. Oder will sie mich auf die Probe stellen? In dieser Stellung bleibt der Bock stehen und döst zehn Minuten und länger.

Ich habe schon längst gestochen, und fast bin ich bereit, wie es so schön heißt, über meinen eigenen Schatten zu springen. Die Schußbahn ist frei bis auf die dicken grünen Blätter vor der Schulter. Wenn er nur einen Schritt nach vorn machen würde . . . Den Gefallen tut er mir nicht.

Fieberhaft überlege ich, ob meine 8×57-Teilmantel-Rundkopf nicht doch die Rübenblätter durchschlagen würde. Die Augen beginnen mir zu tränen von dem andauernden Hinstarren. Aber der Bock rührt sich nicht. Die Dämmerung sinkt hernieder, und ich wage nicht den Schuß auf das verdeckte Blatt des begehrten Einstangenbocks.

Einige Tage lang bekam ich ihn dann nicht zu Gesicht, bis ich eines Nachmittags wegen des Ostwindes die Einstandshecke des Rehwildes von der Weser her im großen Bogen über einige Sturzäcker anging. Als ich mich gut verblendet hinter einem Dornstrauch angesetzt hatte, gingen sieben Stück Rehwild, darunter auch mein Bock, vermutlich durch eine Planierraupe des nahen Kieswerks vergrämt, in hohen Fluchten über die Stoppelfelder und verhielten erst auf der Wintergerstesaat dicht vor den Wirtschaftsgebäuden von Gut W. Hier sammelte sich der Sprung und zog sich äsend in einer langen Reihe auseinander. Und die Verteilung war so geschickt wie nach einem wohl überlegten taktischen Plan. An der Westflanke der langen Front, etwa fünfzig Meter vor meinem Sitz, ästen eine Ricke mit zwei Kitzen, die vor mir sicher waren. Dann kamen alle weiblichen Stücke, nicht führende Ricken und Schmalrehe, und an der äußersten Ostflanke, über einhundertundfünfzig Meter entfernt, zeigte sich der Einstangenbock.

Um das Maß voll zu machen, tat sich die ganze Gesellschaft in dieser Reihenordnung auf die Saat nieder, saß eine Stunde lang, noch eine Stunde, erhob sich, reckte die Glieder, um sich dann wieder zu setzen. Erst in der Dämmerung, als ich alle Hoffnung schon aufgegeben hatte, standen sie auf und zogen langsam durch eine Hecke. Ich hatte den Bock auf hundert Meter im Zielfernrohr und wollte stechen. Da sah ich hinter dem Wildkörper, keine zweihundert Meter entfernt, das weiß schimmernde Wohnhaus des Gutes und ließ die Büchse sinken.

Inzwischen war Oktober geworden, und noch immer wollte es nicht klappen. Und immer war ich mir noch nicht im klaren, ob dieser Einstangenbock mit dem vom Jagdherrn im Frühjahr gesichteten „Kröpelbock“ identisch war. Bis sich buchstäblich kurz vor Toresschluß am 15. Oktober sein Schicksal erfüllte.

Wieder hatte ich mich wegen des Südostwindes an der äußersten westlichen Spitze des Karnickelgehölzes in Deckung eines waagerecht gewachsenen Weidenstammes angesetzt. Zu sehen war auf dem bewußten Stoppelacker noch nichts. Aber ich hatte mich auf den ganzen Tag eingerichtet, denn heute oder nie! Auf dem großen Schlag nebenan pflügte ein Trecker. Das Wild pflegt, solange der Motor läuft, kaum vom Trecker Notiz zu nehmen und drückte sich so lange wie möglich in der Deckung.

Als ich sorgfältig die Grenzfurche zwischen Stoppelacker und der grünen Saat absuchte, hatte ich sie gefunden. Der Sprung war vollzählig, aber nur an den aus der Furche herausragenden Lauschern zu erkennen. Auch der Bock war dabei. Dann standen sie auf und begannen zu äsen. Aber immer noch war es zu weit für einen sicheren Schuß. Doch was sollte das bedeuten? Die drei stärksten Stücke trennten sich vom Sprung und gingen im Troll Richtung Weser. Nun fehlte bloß noch, daß der Bock mitzog. Aber Diana sei Dank! Er blieb.

Die Ricken und Kitze taten sich wieder mitten auf der Saat nieder, und vor den Bock legte sich ein Schmalreh, das sich immer dicht in seiner Nähe hielt. So verging eine Stunde und noch eine, bis sich endlich die ganze Gesellschaft erhob und langsam äsend weiterzuziehen begann. Es waren zwar noch über hundert Meter, aber ich hatte bereits gestochen. Doch immer schob sich das Schmalreh vor den Bock, und ich mußte warten. Endlich blieb seine treue Begleiterin etwas zurück, und es knallte: Am Himmel donnerten Düsenjäger; der Sprung hatte anscheinend deshalb nicht bemerkt, daß der Knall ihnen galt. Doch der Bock war nicht zusammengebrochen wie sonst nach dem Schuß, sondern hatte sich niedergetan und bewegte das Haupt.

Der Sprung wollte weiterziehen und äugte wartend nach dem Gefährten. Als erstes kam das Schmalreh zurück und blieb vor ihm stehen. Dann folgten die übrigen Stücke und versammelten sich um ihn wie eine Trauergesellschaft. Herrgott, das Bild werde ich mein Lebtag nicht vergessen!

Um so schnell und sicher wie möglich dem ein Ende zu machen, pürschte ich mich im Sichtschatten des Gehölzes zwanzig Schritt näher heran und konnte ihm einen zweiten Schuß aufs Blatt setzen. Als ich vor dem Einstangenbock stehe und das Haupt abtaste, finde ich vom zweiten Rosenstock zunächst überhaupt nichts. Er war von der Decke völlig überwachsen. Erst bei der Zubereitung der Trophäe war zu erkennen, daß der Stock asymmetrisch nach hinten zeigte und anscheinend von einer Verletzung verkümmert war. Also war es doch der wochenlang gesuchte Bock.

20

Diana meinte es diesmal gut — Von starken Sauen und trinkfesten Jägern im Hessenland

Eines Abends im August, als ich gerade heimgekehrt war von der mehr oder weniger erfolgreichen „Bekämpfung“ einer gemeldeten Fuchsinvasion — von neun Jungfüchsen waren zwei gestreckt — läutete in meinem bescheidenen dörflichen Domizil das Telephon Sturm.

„Du wirst aus Hessen verlangt“, sagte meine Frau verwundert.

Am Apparat meldete sich Hans D. aus einem Städtchen in der Nähe von Darmstadt. Sein Familienname sagte mir zunächst gar nichts.

Aber dann begann eine Jägergeschichte, die in unserer heutigen so materialistisch eingestellten Zeit fast wie ein Märchen klingt.

„Ja“, sagte mein Gesprächspartner am anderen Ende der Leitung, „ich habe mir von ‚Wild und Hund‘ Ihre Telephonnummer geben lassen. Sie haben doch neulich einen spannenden Bericht von der Bockjagd in Masuren geschrieben. Ich stamme aus Masuren, und mein Vater hatte dort immer die Gemeindejagd. Ich war damals zwar noch ein kleiner Hosenmatz, aber ich kann mich heute noch an viele Einzelheiten aus den Erzählungen des Vaters erinnern. Ich glaube, Ihr Bericht spielt ganz in der Nähe. Deshalb möchte ich mich mit Ihnen unterhalten und lade Sie deshalb ein in ein Revier, in dem ich Mitpächter bin, zur Sauenjagd.“

Das hatte mir die Sprache verschlagen, und ich mußte zunächst tief Luft holen. Mein Partner sah sich veranlaßt, die Einladung zu wiederholen.

„Um Unterkunft und Verpflegung machen Sie sich keine Sorgen. Ich habe die Verwaltung eines großen Instituts mit eigener Kantine und Gästezimmern."

Darauf kam meine freudige Zusage, und ich erklärte, daß ich die Anfahrt per Bahn machen wollte, weil mir die Strecke aus der Wesermarsch ins Hessenland mit meinem VW doch zu weit war.

Darauf kam die Krönung des Ganzen. „Das haben Sie nicht nötig. Ich lasse Sie von einem Jagdfreund mit seinem großen Wagen abholen."

Darauf hatte ich wieder dreimal geschluckt und mich an die Nase gefaßt, ob ich nicht träumte. Dann wurden noch einige technische Einzelheiten besprochen. Wir stellten im Kalender fest, daß am ersten September Vollmond war, und vereinbarten den Abfahrtstag.

Mir war zumute wie jemandem, der das große Los gezogen hat, und ich träumte in der folgenden Nacht von starken Keilern.

Nach einigen Tagen hielt dann ein Wagen vor unserem Gartentor. Sein Fahrer stellte sich mit einem zünftig waidmännischen Familiennamen vor, der darauf schließen ließ, daß seine Vorfahren, vermutlich aus dem Salzburgischen stammend, dort vor langer Zeit eifrig den Bär jagten. Ich nannte ihn deshalb einfach den Bärenjäger.

Nach rasanter siebenstündiger Fahrt, bei der mir oft buchstäblich der Hut hoch ging, waren wir am Ziel. Ich wurde in einer Atmosphäre herzlicher Gastlichkeit aufgenommen, wie sie oft unter Jägern üblich ist. Dazu kamen noch die Erinnerungen an die gemeinsame Heimat. Es stellte sich heraus, daß zwischen dem Revier, in dem der Vater meines Gastgebers damals Pächter war, und jenem, in dem ich vor einem halben Jahrhundert meinen ersten Bock streckte, noch einige Gemarkungen lagen. Doch die Kunde von den Schrullen und Taten meines Lehrprinzen und guten Freundes, des längst verstorbenen Janusch, war auch bis dorthin gedrungen.

Am gleichen Abend noch fuhren wir ins Revier. Hans setzte

mich auf einen Hochsitz, knapp hundert Meter von einem großen Gärtnereibetrieb entfernt. Ich war sehr skeptisch, ob so dicht am Gehöft mit Hundegebell und menschlichen Stimmen Sauen überhaupt austreten würden.

Aber Hans beruhigte mich. „Gerade hier in den Plantagen richten sie den meisten Schaden an, und der Gärtner soll wissen, daß wir auf dem Posten sind!"

Der Bärenjäger saß einige hundert Meter weiter auf einer Kanzel und sollte vorbeikommen, wenn es bei mir knallte. Es begann eine herrliche Vollmondnacht, und ich war zunächst voll beschäftigt, um die Umgebung zu rekognoszieren. Hinter mir ragte der Hochwald, zu meiner Rechten waren die Gebäude der Gärtnerei zu erkennen. Davor dehnte sich ein großer Maisschlag wie eine mannshohe Dickung. Daneben lief ein breiter Streifen Stoppelacker, auf den ich gute Sicht im Mondlicht hatte. Zu meiner Linken konnte ich einen noch nicht abgeernteten Kartoffelschlag erkennen.

Weiter vor mir hatte ich einen sanft ansteigenden Hang; doch im Mondschein wirkten die Konturen sehr verschwommen. Jedenfalls hatte ich keine Langeweile. Vom Turm der nahen Dorfkirche hörte ich den Stundenschlag. Vorhin hatte ich neun Schläge gezählt. Immer hatte ich das Fernglas vor den Augen und strich unablässig mein Sichtfeld ab. Hinter mir im Hochwald begann es zu rumoren und zu knistern. Sauen konnten das nicht sein. Die saßen um diese Tageszeit in der Feldmark; vielleicht war es Rotwild.

Dann schlug es halb zehn vom Kirchturm. Im Kartoffelacker etwa 80 Schritt links vom Hochsitz war eine Bewegung im Mondlicht mehr zu ahnen als zu erkennen. Es war Schwarzwild; eine Rotte von acht bis zehn ziemlich gleichstarker Überläufer. Aber vor dem dunklen Hintergrund waren sie nicht genau anzusprechen, weil sie immer durcheinanderwuselten und in Bewegung blieben. Ich versuchte das schwächste Stück ausfindig zu machen; das war jedoch unmöglich.

Doch ich wußte, daß die Sauen in den Mais wollten, dessen Milchreife sie lockte wie der Honig den Bären.

Deshalb konzentrierte ich mich ganz auf die freie Fläche des Stoppelackers, über die sie wechseln mußten. Das volle Mondlicht fiel darauf, und es konnte wohl nichts schiefgehen.

Jetzt begannen sie sich aus den Kartoffelstauden zu lösen und zogen in einer langen Reihe zum Maisfeld. Ich hatte die Büchse im Anschlag und stellte in Gedanken fest, daß der Sitz wohl für Leute mit kurzem Oberkörper berechnet war. Deshalb stand ich auf und hatte kurz darauf das schwächste Stück im Zielfernrohr. Jetzt zogen sie sich wieder zu einem dichten Klumpen zusammen und fielen in einen langsamen Troll. Nun ist mir alles gleich, dachte ich, sowie sie ins volle Mondlicht kommen, schieße ich das erste freistehende Stück.

Ich hatte die Büchse gestochen und zog auf einen einzelnen Überläufer mit. Noch ein paar Gänge, und in dem Streifen, der sie vom Mais trennte, war es taghell. Dann wollte ich den Finger krummachen.

Aber ich hatte nicht mit der in vielen Generationen gewachsenen Schlauheit des Schwarzwildes gerechnet. Als ob sie dafür einen besonderen Sinn hätten: Sowie das volle Mondlicht auf sie fiel, flitzten sie in tollen Fluchten über den deckungslosen Acker in den Mais. Bevor ich das erfaßt hatte, war die ganze Rotte für mich unerreichbar im Dschungel der Stauden verschwunden.

„Damit mußten Sie rechnen", sagte am nächsten Tag ein alterfahrener Schwarzwildjäger, der übrigens gerade mit seiner Sauenstrecke das Hundert vollgemacht hatte. „Sie müssen schießen, bevor die Sauen ins volle Mondlicht kommen."

Und ich mußte zu meiner Schande gestehen, daß ich trotz meines vorgerückten Alters auf Schwarzwild bisher zu wenig Gelegenheit hatte, um ausreichende Erfahrung sammeln zu können.

Nach wenigen Stunden Schlaf saßen wir am nächsten Morgen eine Stunde vor dem ersten Licht wieder jeder auf seinem Hochsitz. Nach Sonnenaufgang hatte ich einen herrlichen Blick auf die hessische Hügellandschaft. Ganz in der Ferne dämmerten vom Frühdunst umwabert die ersten Ausläufer des Odenwaldes mit der Nibelungenstraße. Am Gegenhang lagen mehrere Einzelhöfe, auf denen die ersten Trecker zu tuckern begannen. Aber die Sauen von heute nacht waren unsichtbar. Nur beim Bärenjäger knallte es einmal. Er hatte einen Fuchs beim Rückwechsel in den Wald erwischt, kurz bevor er im Dickicht untertauchte.

Am gleichen Vormittag waren wir wieder an Ort und Stelle und studierten die Fährten der Überläuferrotte. An den Siegeln war deutlich zu erkennen, an welcher Stelle sie aus dem Troll in hohe Fluchten gewechselt hatten. Wir umschlugen den Mais und fanden ihre Fährten wieder auf der Seite zum Gegenhang. Damit war der Plan für den Abend fertig.

Nach kurzer Mittagsrast gab es erst einmal ein großes Jägertreffen im amerikanischen „Rod and Gun-Klub“ dicht neben dem Raketencamp in der Nähe des Reviers. Das Einvernehmen mit den Waidmännern aus USA schien mir bestens zu sein. Aus der angeregten Unterhaltung ergab sich sogar, daß eine waschechte Indianersquaw, die Tochter eines Irokesen-Häuptlings, die einen Angehörigen der US-Army geheiratet hatte, in den hessischen Wildbahnen aufgekreuzt war und durch ihre unheimliche Treffsicherheit mit der Flinte auf den Treibjagden alle männlichen Kollegen von der grünen Zunft ausstach.

Am Abendansitz beteiligte sich auch Hans D., der tagsüber als Verwaltungschef unabkömmlich war. Leider schien der Mond nicht mehr so hell wie in der Nacht vorher. Die Sauen steckten in dem großen Kartoffelfeld. Das hatten wir am Vormittag festgestellt. Deshalb hatte sich Hans in die äußerste Ecke des Maisfeldes angesetzt, falls sich das Manöver von heute nacht wiederholen sollte. Für mich war das Schußfeld jetzt vom Hochsitz aus sehr begrenzt. Es wäre unverantwortlich gewesen, mit der gestochenen Büchse so wie nachts auf die Rotte mitzuziehen, falls es dazu kommen sollte. Deshalb hatte ich auch gar nicht entsichert.

Ich war auch nicht unglücklich, als der Mond hinter einer dicken Wolke verschwand und wir den Ansitz aufgaben.

„Wir wollen mal nachschauen, ob der Bärenjäger nicht eingeschlafen ist“, meinte Hans. Wir pürschten langsam am Waldrand entlang. Am Rande einer Senke mit Gebüsch und niedrigen Kusseln verhielten wir kurz. Horch! „Wuff-wuff“. Sauen brechen nach Mast! Ich konnte sie nicht mit dem Glas ausmachen. Aber Hans, der jüngere Jäger, war schneller und schoß. Jetzt erkannte ich auf der Linse einen schwarzen Schatten, der lag und sich bewegte.

„Der Überläufer liegt“, meldete der Schütze.

„Er hat die Kugel, aber anscheinend nicht im Leben“, konstatierte ich. „Jetzt schnell den zweiten Schuß.“

Hans war etwas vorgetreten und hatte kniend aufgelegt. Diese Bewegung, wir standen ungedeckt gegen den Nachthimmel, hatte das anscheinend nur angekratzte Stück eräugt. Es stand wieder auf und zog schwer klagend durch hohen Bewuchs in dichten Raps.

„Ja, da hilft kein Schimpfen und kein Fluchen, lieber Hans, jetzt müssen wir erst eine Weile warten, und dann muß Dein Bobby ran." Das war sein Rauhhaarteckel, ein ungewöhnlich starker Rüde, der schon manche Sau verbellt hatte.

Wir hörten den Überläufer kreuz und quer durch den Raps ziehen. Aber der Hund mußte erst aus dem Wagen geholt werden, und zu allem Unglück ging jetzt ein schwerer Wolkenbruch nieder, der uns alle bis auf die Haut durchnäßte. Wir verteilten uns und suchten notdürftig unter einem Baum Schutz. Mit einem Mal wurde es überall lebendig und überall hörten wir Schwarzwild brechen. In der Nähe schien eine führende Bache zu sein, denn vor mir tauchten aus der Dunkelheit Frischlinge auf, eins, zwei, drei, vier!

Jetzt wechselten sie direkt auf mich zu und liefen mir fast über die Gummistiefel. Das konnte ja heiter werden, wenn die Bache ihnen folgte. Um der Wahrheit die Ehre zu geben, ich muß gestehen, ich hatte die Büchse entsichert im Anschlag, denn mit einer führenden Bache ist bekanntlich nicht zu spaßen.

Doch glücklicherweise blieb mir ein aus Notwehr abgegebener unwaidmännischer Schuß erspart. Es goß weiter in Strömen, und als Hans mit seinem Teckel eintraf, war es so dunkel geworden, daß wir lieber die Anschußstelle unberührt ließen und die Nachsuche auf den nächsten Morgen verschoben.

Der Regen hielt die ganze Nacht an. Für den nächsten Tag war eigentlich Hühnerjagd angesetzt. Deshalb traf sich ein starkes Aufgebot an Jägern mit Hunden im Hochwald dicht an der Autostraße. Als wir eintrafen, herrschte schon eine Mordsstimmung. Es war Sonntag morgen, und die ganze Korona hatte sich an den Eichentischen eines für Ausflügler bestimmten Rastplatzes niedergesetzt, um erst mal zu frühstücken.

Das Frühstück samt den Getränken spendierte ein zur Gesellschaft gehörender Supermarktbesitzer. Der spendable Nimrod war auch der Held des Morgens, denn er feierte, wie er sagte, seine „Wiedergeburt". Er hatte nämlich gestern abend, als er von der

Jagd heimkehrte, in seinem Warenlager einen Einbrecher überrascht. Der Hund hatte ihn gestellt, und es kam zum Schußwechsel. Die vom Ganoven abgegebenen Pistolenschüsse gingen haarscharf am Kopf des Hausherrn vorbei in einen Holzpfeiler. Als der Supermarktbesitzer dann in Notwehr mit seiner Flinte schoß, glaubte er, den Banditen am Bein getroffen zu haben. Er kam direkt aus dem Polizeirevier und war entsprechend angekratzt.

Deshalb dauerte es eine ganze Weile, bis wir zu Wort kamen und unser Anliegen wegen der Nachsuche auf den kranken Überläufer anbringen konnten. Obwohl es gar nicht in unserem Sinne war, wollte die ganze Mannschaft mit vier saufesten Hunden dabeisein. Darunter war auch der Hauptpächter, ein sehr erfahrener Schwarzwildjäger.

Um es kurz zu machen: Der nächtliche Dauerregen hatte an der Stätte des gestrigen Geschehens ganze Arbeit geleistet und am Anschuß, der mit Brüchen gekennzeichnet war, die letzten Fährten beseitigt. Um nichts unversucht zu lassen, kämmten die vier Hundeführer das ganze große Rapsfeld durch, in dem gestern abend die Sau klagend hin und her gezogen war und das wir nun umstellt hatten. Doch von dem kranken Stück und von der übrigen Rotte, die vor wenigen Stunden hier herumgespuckt hatte, fanden wir keine Fährte.

Dennoch waren der Bärenjäger und ich am nächsten Morgen wieder im Revier. Und das nach nur wenigen Stunden Schlaf, dem die Hühnerjagd und anschließend eine „Party“ mit Damen vorausgegangen waren. Aber Schwarzwild, für dessen Schaden die Pächter alljährlich in den angrenzenden Revieren zur Kasse gebeten wurden, haben wir an jenem Morgen nicht mehr gefährtet. Nur vom Hochsitz aus hatte ich etwas in den Mais huschen sehen, das ich zunächst als Marder ansprach. Dann fiel mir die buschige Rute mit den hellen Streifen auf. Mir war der erste Waschbär zu Gesicht gekommen.

Und die Moral von der Geschicht'? Das Aufgebot am Sonntagmorgen war für eine Nachsuche zu groß und verursachte zu viel Aufruhr im Revier. Es war gerade ein Nichtjäger, der damals meinte: „Die Sauen haben sich in den Wald verdrückt, als wir mit großem Tamtam kamen, und haben das kranke Stück mitgenommen.“

Am Nachmittag, bevor wir zur Heimfahrt starteten, waren wir noch einmal im Revier und suchten den Waldrand bis zur Grenze auf Fährten ab. Fast einen Kilometer entfernt fanden wir zuerst die Schalenabdrücke der Frischlinge mit der Bache und dann die der ganzen Rotte, die hier in das Dickicht des Hochwaldes eingewechselt war. Die Trittsiegel standen im abgetrockneten Erdboden, stammten also aus der Zeit nach dem nächtlichen Wolkenbruch. Wir verfolgten die Fährten bis zum Ausgangspunkt, bis zu dem Gebüsch, in dem die Sauen gesteckt hatten, als wir mit der ganzen Mannschaft anrückten. Doch von dem kranken Stück fanden wir nicht den geringsten Schweißtropfen.

So endete die Geschichte einer hoffnungsvoll begonnenen Sauenjagd. Aber es war der Anfang einer herzlichen waidmännischen Freundschaft, die eine Brücke schlägt über ein halbes Jahrhundert, aus den fernen, unvergessenen Wildbahnen Masurens in das schöne, jagdlich aussichtsreiche Hessenland.

Strecken, die man nie vergißt

Der Lebenspürsche zweiter Teil. Von ROMAN MAXIMILIAN BENINDE. 1972. 171 Seiten und 8 Bildtafeln mit 15 Abb. Ln. 25,— DM

Jagen und Reiten — Passion meines Lebens

Von ROMAN MAXIMILIAN BENINDE. 2. Aufl. 1975. 222 Seiten und 8 Bildtafeln mit 15 Abb. Ln. 30,— DM

Und könnt' es Herbst im ganzen Jahre bleiben

Jagdliche und andere Erinnerungen. Von WALTER FREVERT. 7. Aufl. 1977. 227 Seiten und 19 Bildtafeln mit 25 Abb. Ln. 28,— DM

Das Jägerleben ist voll Lust und alle Tage neu

Jagdliche und andere Erinnerungen. Von WALTER FREVERT. 4. Aufl. 1970. 193 Seiten und 15 Bildtafeln mit 25 Abb. Ln. 22,— DM

Abends bracht' ich reiche Beute

Der jagdlichen Erinnerungen letzter Teil. Von WALTER FREVERT. 5. Aufl. 1977. 166 Seiten, 1 Zeichnung, 15 Tafeln mit 26 Abb. Ln. ca. 28,— DM

Auf der Jagd

Ein Skizzenbuch von RIEN POORTVLIET. 2. Aufl. 1976. 160 Seiten mit über 300 Zeichnungen und Bildfolgen, davon über 200 farbig. Ln. 58,— DM

... und jeder Fuchs hat seinen Bau

Unser heimisches Wild — in farbigen Bildern dargestellt und beschrieben von RIEN POORTVLIET. 1974. 160 Seiten mit fast 500, zumeist farbigen Zeichnungen. Ln. 64,— DM

Wo die Wildgans ruft ...

Chronik eines Niederwildreviers. Von HERMANN REFFKEN. 1972. 197 Seiten mit 12 Zeichnungen von RIEN POORTVLIET. Ln. 25,— DM

Glückliche Tage — fröhliche Jagd

Jagderlebnisse im Niederwildrevier. Von HERMANN REFFKEN. 1974. 154 Seiten und 8 Bildtafeln mit 18 Abb. Ln. 28,— DM

Grüne Passion

Von GERD VON LETTOW-VORBECK. 2. Aufl. 1958. 276 Seiten und 15 Bildtafeln mit 15 Abb. Ln. 19,80 DM

Grüne Blätter

Pürschtage daheim und in der Ferne. Von GERD VON LETTOW-VORBECK. 2. Aufl. 1962. 221 Seiten mit 1 Karte und 8 Bildtafeln mit 16 Abb. Ln. 19,80 DM

In der späten Vespersonne

Pürschen und Widergänge. Von GERD VON LETTOW-VORBECK. 1969. 237 Seiten und 11 Bildtafeln mit 20 Abb. Ln. 22,— DM

Dianas Wunderreich

Eine Sammlung jagdlicher Sinnsprüche. Zusammengestellt von GOEDE GENDRICH. 1977. 80 Seiten mit vielen Federzeichnungen von EVELYN FISCHER. Laminiert 14,80 DM

Wild und Hund

Größte deutschsprachige Jagdzeitschrift. Erscheint vierzehntäglich. Im verbilligten Jahresabonnement 60,— DM zzgl. Versandkosten. Kostenloses Probeheft auf Anforderung

Preisstand: Frühjahr 1977. Spätere Änderungen vorbehalten

VERLAG PAUL PAREY · HAMBURG UND BERLIN